こども

しごと絵じてん

三省堂編修所 編

三省堂

この絵じてんの特長と使いかた

1 さまざまなしごとの概要を5つの章に分けて紹介

パティシエや美容師など、町なかで見かける店で働く人たちから、国境をこえて世界を舞台に働く人たちまで、約300のしごとを取り上げています。

2 絵本感覚で読める楽しいイラスト

子どもがあまりよく知らないしごとや、子どもの知らない職場で働いている人たちのことも、絵で見て楽しみながら読むことができます。

3 本文はひらがな・カタカナとふりがなをふった漢字

子どもの「読んでみたい」という気持ちに応えられるよう、本文ではひらがな・カタカナを基本とし、漢字にはすべてふりがなをふっています。

4 興味のあるしごとから読むことができる

この本では、ひとつのしごとの概要を簡潔にまとめています。家族にかかわるしごとや、やりたいしごとなど、興味のあるしごとから読んでみてもよいでしょう。

小見出し

この本では、しごとを社会のなかでの役割ごとにまとめています。小見出しで、そのページのなかで取り上げているしごとの特徴がわかります。

しごと名

「パティシエ」や「消防官」のように職業名を見出しに立てているものと、「郵便局」や「銀行」のように職場の名称を見出しに立てているものがあります。職場の名称が見出しになっている場合は、その職場でどのようなしごとが行われているかを知ることができます。

おうちのかたへ

本文で説明できなかった事柄の補足情報や、そのしごとにつくために必要な資格など、大人向けの情報をまとめました。

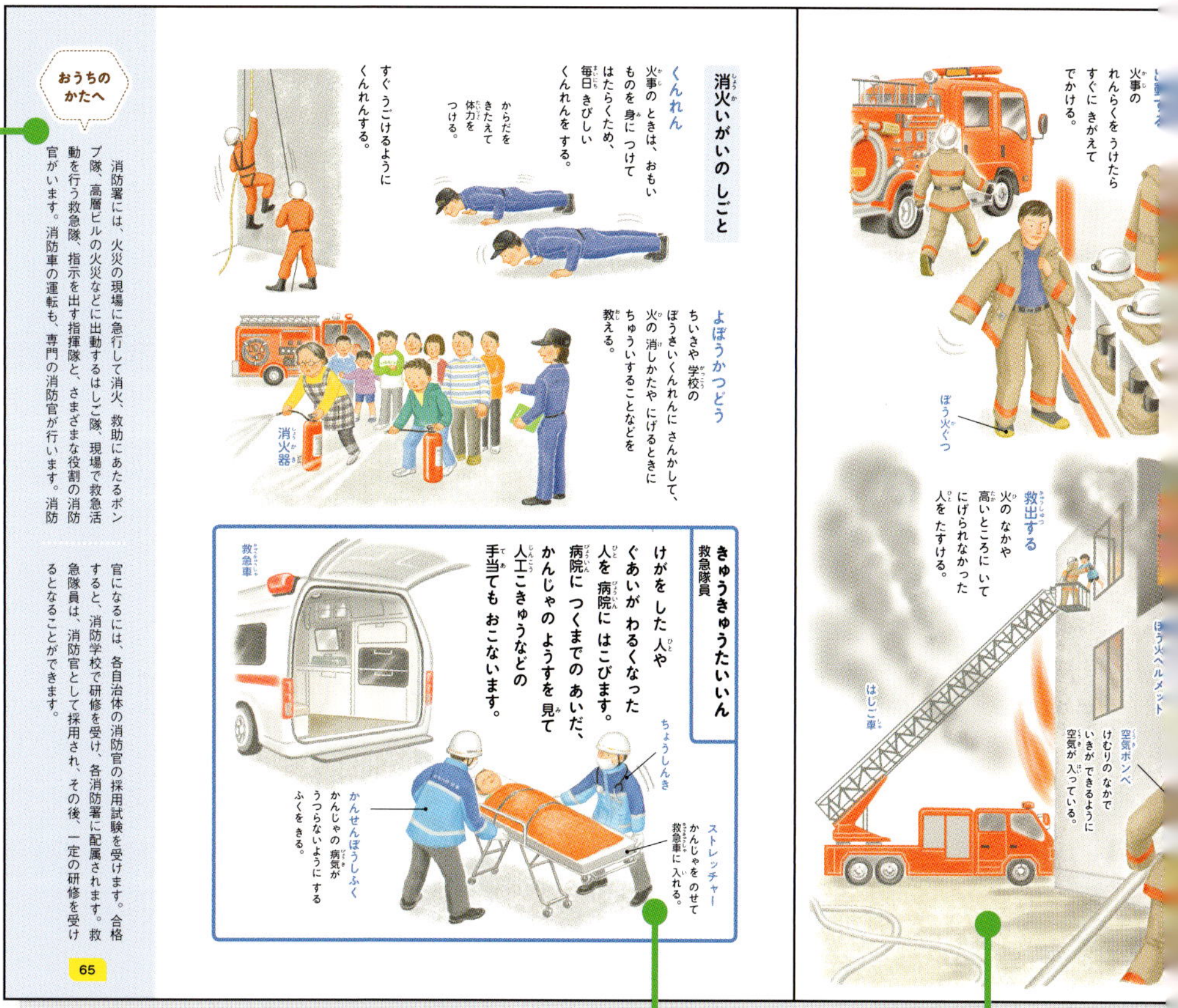

しごとの概要

どんなしごとをしているのかを、わかりやすく簡潔に説明しています。しごとの道具を紹介している職種もあります。

場面イラストで紹介

「空港で働く」などのページでは、ひとつの場面のなかで、さまざまなしごとを紹介しています。同じ場所で、たくさんの人が働いていることを、ひと目で理解することができます。

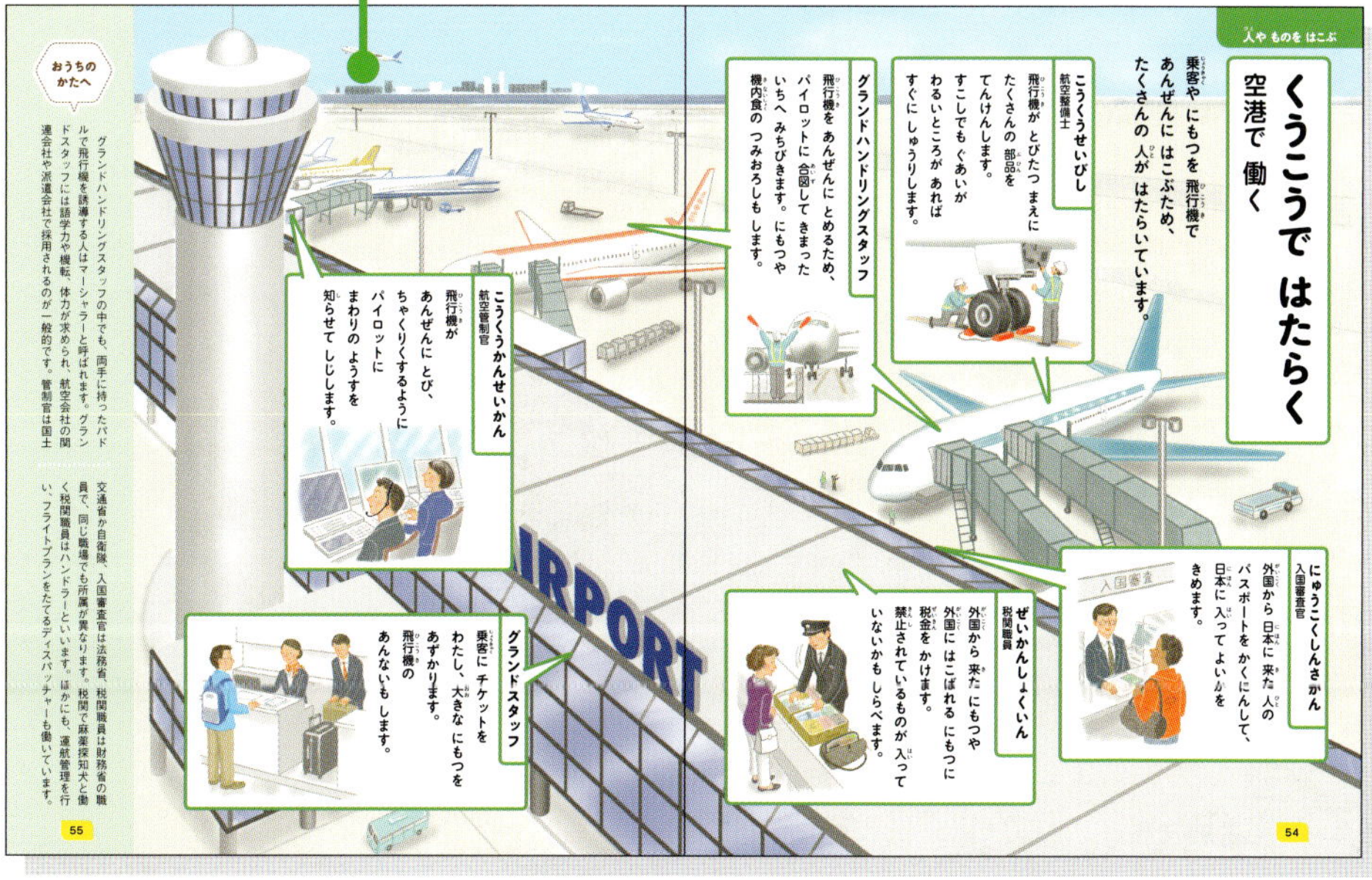

関連職種を紹介するコラム

そのしごとに関連するほかの職種を紹介しています。ほかのしごとととの関わりを知ることができます。

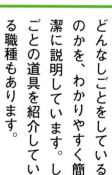

もくじ

この絵じてんの特長と使いかた……2

1 はたらくって、どんなこと？

ぼくの かぞくの しごと……8
まちの いろいろな しごと……10
おとなに なったら なにに なる？……12
いろいろな しごとを みてみよう……14

2 くらしを ささえる、くらしを いろどる

●店《みせ》で はたらく……16
パティシエ・びようし・ベーカリー（パンや）
せいかてん（はなや）・しょてん
ペットショップ・トリマー
せいかてん（やおや）・せいにくてん（にくや）
せんぎょてん（さかなや）・いろいろな みせ　ほか

●しゅうかくする……24
のうか・ちくさんのうか・ようけいぎょう
ようとんぎょう・しょくにくかこうぎょう
らくのうか・りょうし（しゅりょうぎょう）
ようほうか・りんぎょうか
りょうし（ぎょぎょう）・ようしょくぎょう
すいさんかこうぎょう　ほか

●家《いえ》や ものを つくる……34
だいく・さかんしょくにん
かわらぶきしょくにん・たたみしょくにん
とびしょく・こうぎょうデザイナー
じどうしゃを つくる・カーディーラー
じどうしゃせいびし　ほか

●生活《せいかつ》を ささえる……40
ゆうびんきょく・ぎんこう・すいどうきょく
ガスがいしゃ・でんりょくがいしゃ
せいそうこうじょう・やくしょで はたらく
しちょうそんちょう・とどうふけんちじ
こっかいぎいん・ないかくそうりだいじん
そうりょ・しんぷ・ぼくし・かんぬし（しんしょく）　ほか

●人《ひと》や ものを はこぶ……48
てつどううんてんし・しゃしょう
えきかかりいん・ほせんいん

てつどうしゃりょうせいびし
しんかんせんうんてんし
パイロット・キャビンアテンダント
くうこうで はたらく　ほか

●たびを てつだう …… 56
ホテルで はたらく
ツアーコンダクター・バスガイド　ほか

3 けんこうと くらしを まもる

●あんぜんな くらしを まもる …… 60
けいさつかん・けいじ
けいさつけんくんれんし・かんしきかん
かがくそうさけんきゅうじょ
しょうぼうかん・とくべつきゅうじょたいいん
きゅうきゅうきゅうめいし・じえいかん
かいじょうほあんかん・べんごし・けんさつかん
さいばんかん・かていさいばんしょちょうさかん
しほうしょし・ぎょうせいしょし
こうにんかいけいし・ぜいりし　ほか

●けんこうを まもる …… 72
いし・かんごし・せんもんの いし
しかいし・やくざいし・じょさんし
りんしょうけんさぎし・りがくりょうほうし
さぎょうりょうほうし・かんりえいようし　ほか

●くらしを 手《て》だすけする …… 80
かいごふくしし・ケアマネージャー
ホームヘルパー・ケースワーカー
じどうふくしし・りんしょうしんりし
ほけんし・ぎしそうぐし・しゅわつうやくし
もうどうけんくんれんし

●人《ひと》を そだてる …… 84
しょうがっこうきょうゆ・ほいくし
ようちえんきょうゆ・ようごきょうゆ
がくどうほいくしどういん
とくべつしえんがっこうきょうゆ
ちゅうがっこうきょうゆ・こうとうがっこうきょうゆ
だいがくきょうじゅ　ほか

4 人《ひと》に つたえる、人《ひと》を 楽《たの》しませる

●しょうぶを 見《み》せる …… 90
プロやきゅうせんしゅ・プロサッカーせんしゅ
いろいろな スポーツせんしゅ・りきし
しょうぎきし・いごきし　ほか

●音《おと》や えいぞうで つたえる …… 96
アナウンサー・タレント
こうこくせいさくがいしゃで はたらく
ゲームクリエイター

えいがかんとく・せいゆう・アニメーター
かしゅ・ミュージシャン・おわらいげいにん
らくごか・ダンサー・かぶきやくしゃ
のうがくし・きょうげんし
おんがくを とどける・せいがくか
さくしか・ピアノちょうりつし・さっきょくか　ほか

●衣食住《いしょくじゅう》を ゆたかに する …… 112
ファッションデザイナー
ヘアメイクアップアーティスト
スタイリスト・モデル・インテリアデザイナー
くうかんデザイナー・ぞうえんぎょう
りょうりにん（シェフ・コック）・いたまえ
ソムリエ・とうじ・すししょくにん
わがししょくにん・りょうりけんきゅうか
フードコーディネーター　ほか

●文字《もじ》や 絵《え》で つたえる …… 122
まんがか・さっか・イラストレーター
カメラマン・へんしゅうしゃ
エディトリアルデザイナー・しんぶんきしゃ
ジャーナリスト・ライター・こうえつしゃ
としょかんししょ・がくげいいん・がか
ちょうこくか・びじゅつしゅうふくか　ほか

●でんとうを つたえる …… 132
はなびしょくにん・みやだいく・わししょくにん
ゆうぜんしょくにん・さどうか・かどうか
しょどうか・とうげいか

5 世界《せかい》と ちきゅうを ささえる

●しぜんや いきものを まもる …… 136
じゅういし・どうぶつえんの しいくがかり
すいぞくかんの しいくがかり
じゅもくい・しぜんほごかん（レンジャー）
きしょうよほうし

●けんきゅう・かいはつする …… 140
うちゅうひこうし
なんきょくかんそくたいいん
てんもんだいで はたらく・かがくしゃ
システムエンジニア・ロボットエンジニア　ほか

●世界《せかい》で かつやくする …… 146
がいこうかん・つうやく
こくさいれんごうで はたらく
せかいじゅうの ひとを てだすけする しごと　ほか

さくいん …… 巻末

1 はたらくって、どんなこと？

ぼくの かぞくの しごと

ぼくの お父《とう》さんの しごとは
おいしい りょうりを つくること。
お母《かあ》さんは 病《びょう》気《き》の 人《ひと》の
おせわを しているよ。
お兄《にい》ちゃんは サッカー選手《せんしゅ》を
めざして、 練習《れんしゅう》を している。
お姉《ねえ》ちゃんは まんがを かく 人《ひと》に
あこがれている。

おじいちゃんと おばあちゃんは、
畑《はたけ》で やさいを そだてていて
おばあちゃんは、
ちいきの ボランティアも
しているんだって。

ぼくは どうかな……？

そうだ、ぼくは、毎日《まいにち》 元気《げんき》に
あそんだり、家《いえ》の お手《て》つだいを
がんばったりしているよ。
みんな それぞれに やくわりが
あるんだね。

おうちのかたへ

私たちは社会の中で役割を担い、誰かの役に立った時に報酬を得られます。職に就いて得る収入は、その重要な要素のひとつですが、報酬は経済的側面に限定されるものではありません。誰かから感謝された喜びや、自らの力を発揮できた時の充足感なども報酬の要素となります。家族という集団の中で役割を担う手伝いも、経済的な見返りを目的としないボランティアも、職業人として働くことも、社会の中で自らの役割を果たすという点において共通する、人間にとって大切な行為です。

まちの いろいろな しごと

手紙《てがみ》を はいたつしている 郵便屋《ゆうびんや》さんや
パトロールを している おまわりさん、
町《まち》を 歩《ある》いていると
いろいろな 人《ひと》に あうよ。
電車《でんしゃ》の あんないを する 駅員《えきいん》さんの 声《こえ》や
やさいを 売《う》る お店《みせ》の 人《ひと》の
大《おお》きな 声《こえ》も 聞《き》こえてくる。
町《まち》では たくさんの 人《ひと》が
はたらいているんだね。
しごとを するのは たいへんそうだけど、
なんだか みんな 楽《たの》しそう。

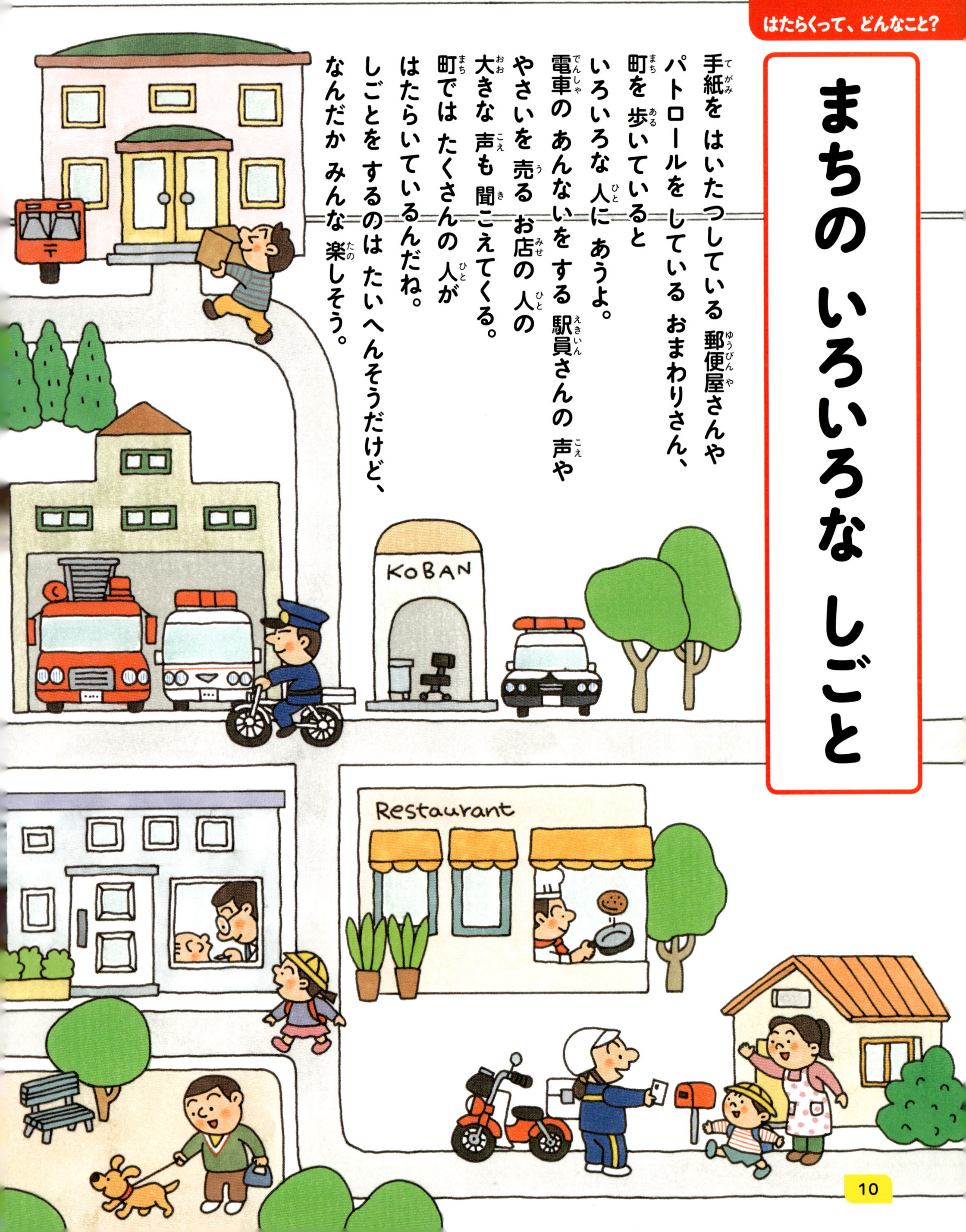

おうちのかたへ

私たちの衣食住はもちろん、日常の暮らしのすべては、何らかの仕事によって支えられています。子どもたちが好きなスナック菓子を例にしても、野菜や穀物を生産する農家や製菓業はもちろん、パッケージのデザインや製造、広告、流通、販売など多種多様なプロの手を経て消費者の手に届いています。

私たちの住む街にも様々な職場があり、暮らしを支え、より快適にするためのモノ・サービス・情報などが生み出されています。それらの職場では、人々が誇りをもって働いているのです。

おとなに なったら なにに なる?

大《おお》きく なったら なにに
なりたいか、友《とも》だちと 話《はな》したよ。
電車《でんしゃ》の 運転士《うんてんし》さんも かっこいいし、
パン屋《や》さんも おもしろそう。

えらぶのは
むずかしいけれど、
やりたいことを 考《かんが》えていると、
なんだか ワクワクしてきたよ。

おうちのかたへ

3、4歳までの子どもたちは、「大人になったら、何になる?」と尋ねられると、「今、この瞬間に何かになれるとしたら…」という前提で答える傾向があります。テレビ番組の主人公などを挙げることも少なくありません。それは将来を展望する時間軸がまだ形成されていないためです。この段階を超えても、小学校低学年までは、現実的な職業選択を視野に入れて将来を考えることは困難です。今後の自らの成長や、大人になることを楽しみにできるような、おうちの方からの言葉がけが大切です。

いろいろな しごとを みてみよう

よのなかには いろいろな
しごとが あるんだね。
人《ひと》を たすける しごと、
しぜんを まもる しごと、
食《た》べものを つくる しごとや
けんきゅうを する しごと。
これから できる 新《あたら》しい
しごとだって ある。
いろいろな しごとを みてみよう。
やりたい しごとを みつけてみよう。

おうちのかたへ

子どもが自らの将来を思い描く上で、具体的な職業を「窓口」にすることは有効な方策です。けれども、個々の職業のあり方は、今後の社会的変容と共に大きく変化し、人工知能（AI）などに代替される仕事や職業も出てくるでしょう。その一方で、一人ひとりが果たすべき役割を担いつつ、社会に参画し貢献するための手段としての職業の本質は変わりません。子どもたちには、職業が誰かのニーズを満たし、役に立つためにあるという理解に立ちながら、自らの将来を展望する力が求められています。

② くらしを ささえる、くらしを いろどる

店《みせ》で はたらく

しゅうかくする

家《いえ》や ものを つくる

生活《せいかつ》を ささえる

人《ひと》や ものを はこぶ

たびを てつだう

パティシエ

ケーキや クッキー、パイ、アイスクリームなどの洋菓子《ようがし》を つくります。ざいりょうの ぶんりょうや まぜあわせかた、温度《おんど》などで あじが かわってしまうので、細《こま》かい ぶんりょうや てじゅんに 気《き》を つけます。

道具《どうぐ》

あわだてき
ざいりょうを あわだてたり まぜあわせたりする。

スケール（はかり）
ざいりょうの おもさを はかる。

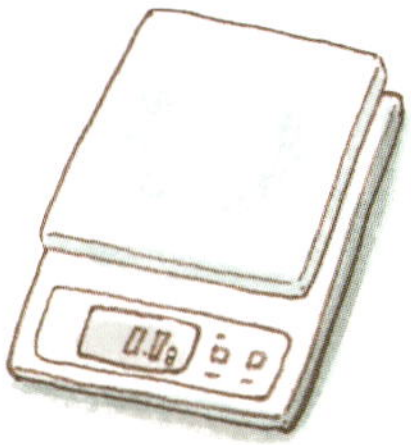

けいりょうカップ・スプーン
ざいりょうの ぶんりょうを はかる。

ふるい
こなの かたまりを なくし 細《こま》かくする。

ドロッパー
生地《きじ》を うつわに ながしいれる。

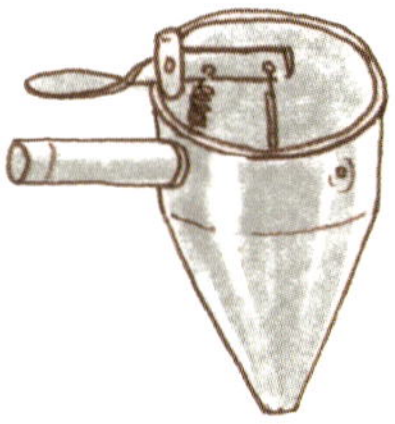

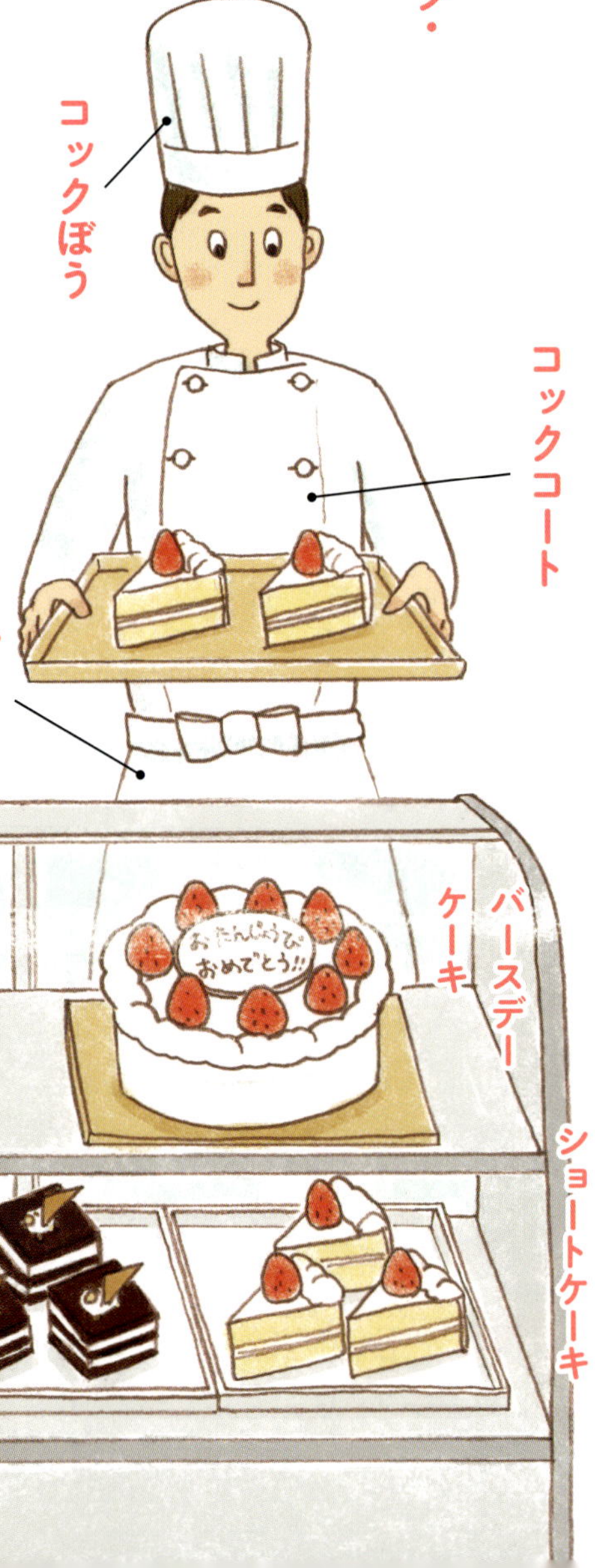
コックぼう
コックコート
エプロン
クリスマスケーキ
Happy X'mas
バースデーケーキ
おたんじょうび おめでとう!!
シュークリーム
チョコレートケーキ
ショートケーキ

いろいろな ケーキ

ウエディングケーキ

パティシエの1日《にち》

ケーキを しあげる

朝《あさ》 はやくから、その日《ひ》に
売《う》る ケーキの しあげを する。

ケーキを ならべる

店《みせ》が はじまるまでに、
ケーキを ショーケースに
きれいに ならべる。

しこみを する

つぎの 日《ひ》のために
生地《きじ》を つくったり
スポンジケーキを
やいたりして
じゅんびする。

新《あたら》しい ケーキを つくる

どんなざいりょうを
どうやって 組《く》みあわせるか、
ためしに 何回《なんかい》も つくって、
くふうして かんせいする。

ショコラティエ

チョコレートを つくります。
なめらかで おいしくなるように、
とかした チョコレートを さます
テンパリングという さぎょうを
します。とかす 温度《おんど》や かためる
温度《おんど》にも ちゅういします。

パレット
チョコレートを
まぜあわせたり、
広《ひろ》げたりする。

おうちのかたへ

パティシエは、センスや繊細さに加え、重い道具や材料を扱い、長時間立ち仕事をするための体力も必要な仕事です。新しい菓子を作るためには発想力や探究心も欠かせません。多くの場合、製菓専門学校で基礎を学び、洋菓子店、ホテル、レストランに勤め、技術を身につけます。海外で修業する人も少なくありません。

ショコラティエも、まずは洋菓子全般を学んでからスタートするのが一般的です。なお、女性の場合、パティシエール、ショコラティエールと呼ぶこともあります。

びようし 美容師

お客《きゃく》さんの きぼうに あわせ、かみを 切《き》ったり、パーマを かけたり、かみを そめたりします。はやりの かみがたや にあう かみがたを すすめ 楽《たの》しく 話《はなし》を して お客《きゃく》さんに 気持《きも》ちよく すごして もらいます。

道具《どうぐ》

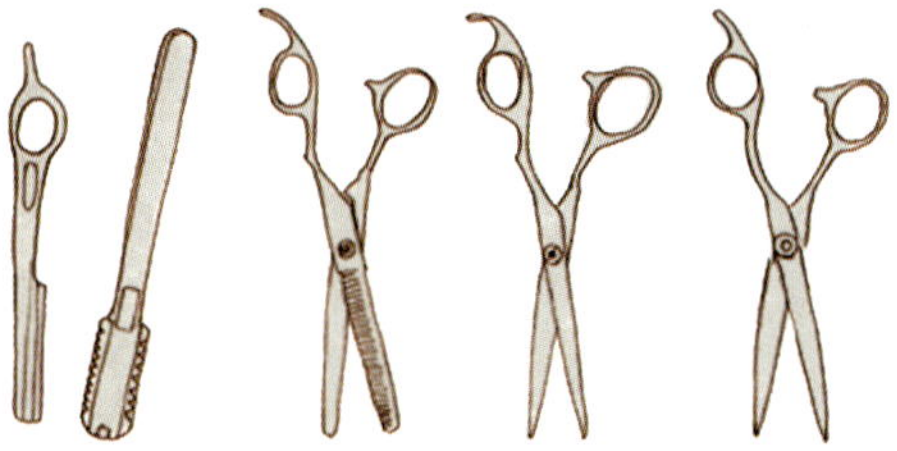

はさみ（シザー）
何本《なんぼん》も つかいわける。

くし
かみを とかす。

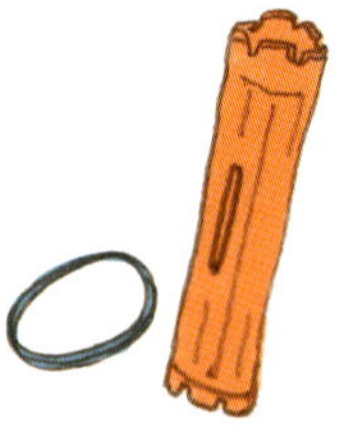

カーラー
パーマを かける。

美容室《びようしつ》の メニュー

カラー
かみを ちがう 色《いろ》に そめる。

パーマ
かみに うねりを だす。

シャンプー
かみと 頭皮《とうひ》を あらう。

カット
かみを みじかくする。
りょうを ちょうせつする。

ベーカリー（パンや）

ベーカリー（パン屋）

いろいろな パンを つくって 売《う》ります。朝《あさ》 はやくから つくりはじめ、やきあがった パンは すぐに 店《みせ》に ならべます。

パンごとに きまった ぶんりょうの ざいりょうを まぜて、生地《きじ》を つくる。

1こずつの 大《おお》きさに わけて、かたちを ととのえる。

てっぱんに ならべて、やきあげる。

せいかてん（はなや）

生花店（花屋）

切《き》り花《ばな》や はちうえなどを 美《うつく》しく 見《み》えるように、ならべて 売《う》ります。花《はな》は、朝《あさ》 はやく しいれ、ながもちするように れいぞうこに 入《い》れて おきます。

花《はな》たばを つくる

水《みず》あげ

花《はな》を 元気《げんき》に するために、くきの さきを 切《き》って、水《みず》に つけ、水《みず》を すわせる。

おうちの かたへ

美容師になるには、専門学校で学び、国家試験を受けて美容師免許を取得します。着付けやヘアメイクの技術をいかし、結婚式や成人式、雑誌やテレビの撮影現場などでも活躍します。

パン職人になるには、店で修業を積むか、専門学校で基礎を学んでから勤めるか、大きく二つの道があります。店ではなく製パン会社に勤める人もいます。生花店は、冬でも暖房を使わず、冷たい水を扱わなくてはなりません。花の知識やアレンジのセンスが必要なため、学校で学ぶ人も多くいます。

しょてん 書店

いろいろな 本《ほん》や ざっしを 売《う》ります。どんな本《ほん》を 売《う》るかを 考《かんが》えて しいれ、くふうして ならべます。お客《きゃく》さんが さがしている 本《ほん》を 見《み》つけたり、店《みせ》に ない 本《ほん》の ちゅうもんを うけたりします。

クリスマスフェア
あるテーマに そって 本《ほん》を あつめて 売《う》る ことも ある。
売《う》れた 本《ほん》を チェックして たりなくなった 本《ほん》を 入《い》れる。
ポップ その本《ほん》の おもしろいところを しょうかいする カード。
おすすめの 本《ほん》や 売《う》れている 本《ほん》は、表紙《ひょうし》が よく 見《み》えるように したり、たくさん つんだりする。

ペットショップ

犬《いぬ》や ねこ、魚《さかな》や こん虫《ちゅう》などの ペットや、ペットの えさ、かうための 道具《どうぐ》を 売《う》ります。店《みせ》の いきものが 元気《げんき》で いられるように、毎日《まいにち》 せわを して、店内《てんない》を そうじすることも たいせつな しごとです。

しつけの しかたや えさに ついて せつめいする ことも ある。

トリマー

おもに 犬《いぬ》や ねこの からだの 手《て》いれを します。シャンプーを したり 毛《け》を 切《き》ったりするだけでなく、つめきりや 耳《みみ》そうじも します。ペットを こわがらせないように、やさしく 声《こえ》を かけながら、からだを すみずみまで きれいに します。

せいかてん（やおや）

青果店（八百屋）

いろいろな やさいや くだものを 売《う》ります。しいれるときには その日《ひ》の 天気《てんき》や 気温《きおん》から、売《う》れる りょうを よそうして しゅるいや 数《かず》を きめます。

あじみを してもらって、おいしさを つたえる。
ししょく コーナー
スイカ
やさいの おいしい 食《た》べかたを すすめることも ある。

せいにくてん（にくや）

精肉店（肉屋）

牛肉《ぎゅうにく》、ぶた肉《にく》、とり肉《にく》、ロース、ヒレ、もも、手羽先《てばさき》など さまざまな しゅるいや いろいろな ぶぶんの 肉《にく》を 売《う》ります。ハムや ソーセージ、コロッケや ハンバーグなどを 売《う》る 店《みせ》も あります。

はかり
肉《にく》の おもさを はかって 売《う》る。
ロース
手羽先
もも肉
コロッケ
ハンバーグ
ハム

せんぎょてん（さかなや）

鮮魚店（魚屋）

魚《さかな》や 貝《かい》、いかや えびなどを 売《う》ります。まぐろや さけなどの 大《おお》きい 魚《さかな》は、きりみに します。さしみに する 魚《さかな》も 多《おお》く あります。遠《とお》い 外国《がいこく》の 海《うみ》で とれた 魚《さかな》も 売《う》っています。

エビ
さんま
貝
たこ
マグロ

おうちのかたへ

書店での仕事は、本を運び棚に入れるなど、肉体労働が多いものです。販売や仕入れのほか、作家のトークショーなどイベントを企画することもあります。ペットショップでは、生き物についての広い知識が求められます。トリマーは、動物だけでなく飼い主から信頼を得ることも大切で、技術を磨き自分でサロンを開業する人もいます。トリマーの技術はペットショップで働く時にも役立ちます。青果、精肉、鮮魚店では、食べ方も薦めるなどして、客とのコミュニケーションをとります。

いろいろな みせ
いろいろな店

町《まち》には いろいろな 店《みせ》が あり、わたしたちの 生活《せいかつ》に ひつような ものや サービスを 売《う》って います。

コンビニエンスストア

朝《あさ》 はやくから 夜《よる》 おそくまで、または 1日《にち》じゅう あいている。すぐに 食《た》べられるものや よく つかう さまざまなものを 売《う》る。電気《でんき》などの りょうきんを はらったり、にもつを 送《おく》ることも できる。

商品《しょうひん》を しいれる、ならべる、レジを うつなど、いろいろな かかりに わかれている。

そばてん
そば店

りはつてん
理髪店

キッチン
りょうりを つくったり、食器《しょっき》を あらったりする。

ホール
お客《きゃく》さんを あんないして、ちゅうもんを きき、りょうりを はこぶ。

ファミリーレストラン

きがるに いろいろな りょうりを 楽《たの》しめる。

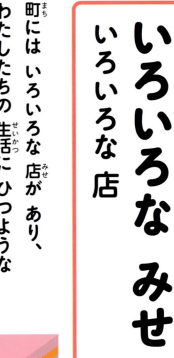

おうちのかたへ

商店の形態はさまざまで、個人商店、コンビニやスーパーマーケット、大型商業施設のほか、車で移動販売する店もあります。大型スーパーマーケットは、青果、鮮魚、惣菜、サービス（レジ）などの部門に分かれ、各部門の社員、パート、アルバイトがチームで働きます。店舗の各部門のほかに、販売促進部や商品部などもあります。

クリーニング店では、店とは別の場所にある工場でクリーニング処理を行う場合も多くあります。

スーパーマーケット
肉《にく》や 魚《さかな》、やさい、パンなどの 食《た》べものや、せんざい ティッシュペーパーなど、くらしに ひつような ものを 売《う》る。
商品《しょうひん》が 少《すく》なくなったら、すぐに そうこから だして ならべる。
クリーニングてん
クリーニング店
ラーメンてん
ラーメン店
カフェ（きっさてん）
カフェ（喫茶店）
せいにくてん（にくや）
精肉店（肉屋）
せいかてん（やおや）
青果店（八百屋）
せんぎょてん（さかなや）
鮮魚店（魚屋）
クリーニング
スーパー
ラーメン
cafe
ベーカリー
魚
やさい
にく

のうか 農家

米《こめ》や やさいなどを そだてて しゅうかくします。雨《あめ》や 風《かぜ》、あつさや さむさなどに よって そだちかたが かわるので、水《みず》や ひりょうの やりかたにも 気《き》を くばります。

稲作農家《いなさくのうか》

田《た》んぼを たがやし、いねを そだてて、米《こめ》を つくる。

やさい農家《のうか》

畑《はたけ》を たがやし、やさいを そだてる。1年《ねん》じゅう いろいろな やさいを つくる 農家《のうか》も ある。

くだもの農家《のうか》

木《き》や 草《くさ》に なる 実《み》を そだてて、くだものを しゅうかくする。

花《か》き農家《のうか》

売《う》れる 時期《じき》に あわせて 花《はな》が さくように、温度《おんど》や 光《ひかり》を ちょうせつして 草花《くさばな》を そだてる。

稲作農家《いなさくのうか》の 1年《ねん》

田《た》おこし・なえづくり

田《た》んぼに ひりょうを まいて たがやしたり、いねの なえを そだてたりして、田《た》うえの じゅんびを する。

田《た》うえ

水《みず》を はった 田《た》んぼに、田《た》うえきを つかって なえを うえる。手《て》で うえる 農家《のうか》も ある。

中《なか》ぼし

いねの 根《ね》を 強《つよ》くするため、田《た》んぼの 水《みず》を ぬいて、土《つち》を かわかす。

しゅうかく

コンバインで いねを かり、もみを とる。もみの からを むく「だっこく」も おこなう。

おうちのかたへ

ここでは、稲作農家を中心に、野菜、果物、花卉《かき》の農家もとりあげていますが、牛や豚や鶏などの家畜を育てる畜産農家（→26ページ）もあります。農作物や家畜を育てるためには、専門の知識や技術が必要です。そのため、農家を志す人の多くは、高校や大学、専門学校で農業を学んだり、農家で研修を受けたりしています。

また、農作業や運搬で使う機械や乗り物、農薬の種類によっては、免許や資格が必要なものがあります。

ちくさんのうか
畜産農家

肉《にく》や たまごを つくるために
牛《うし》や ぶた、 にわとりなどを そだてます。

肉牛《にくぎゅう》を そだてる

牛肉《ぎゅうにく》を つくるために
肉牛《にくぎゅう》を そだてます。

毎日《まいにち》 そうじを して
せいけつに する。
ふんは おもに
ひりょうに する。

えさの 食《た》べのこしや
ふんを よく 見《み》て、
牛《うし》たちが 元気《げんき》かどうか
たしかめる。

さくていし
削蹄師

のびた ひづめを けずって
かたちを ととのえます。
牛《うし》は ひづめが のびすぎると
うまく 歩《ある》けなくなるので、
手《て》いれを することが
たいせつです。

ようけいぎょう

養鶏業

たまごや とり肉《にく》を つくるために、 にわとりを そだてます。 にわとりの けんこうを まもるために、 そうじや えさに 気《き》を くばります。 よく うんどうさせることも たいせつです。

ブロイラー

食《た》べるための にわとり。 みじかい 期間《きかん》で そだつ。

よい たまごを つくるために、 ひとつひとつ かくにんする。

ようとんぎょう

養豚業

ぶた肉《にく》を つくるために 親《おや》ぶたと 子《こ》ぶたを そだてます。 毎日《まいにち》、 そうじを して えさにも 気《き》をつけて、 親《おや》ぶたと 子《こ》ぶたの けんこうを まもります。

しょくにくかこうぎょう

食肉加工業

牛《うし》や ぶた、 にわとりなどの 肉《にく》を 切《き》りわけたり、 細《こま》かく ひいたり、 あじを つけたりします。 ハムや ソーセージなども つくります。

ハム（ぶた）
ソーセージ（ぶた）
ベーコン（ぶた）
サラダチキン（とり）
レバーペースト（牛《うし》）

おうちのかたへ

肉牛を育てる農家のほか、養鶏、養豚、酪農など、家畜や家禽《かきん》を育てて肉や卵や乳を生産する農家を畜産農家といいます。

畜産農家になるには、家畜を扱うための家畜商の免許が必要です。牛の削蹄には、民間の資格もあります。家畜の生産方法は動物によって異なりますが、肉牛の場合、繁殖農家と肥育農家に分かれています。繁殖農家は、母牛に子牛を産ませて9か月くらいまで育て、肥育農家に売ります。肥育農家は、購入した子牛を大きく育てて売ります。

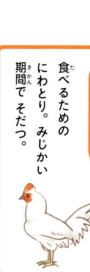

らくのうか

酪農家

牛乳《ぎゅうにゅう》を つくるため、乳牛《にゅうぎゅう》を そだてて 毎日《まいにち》 2回《かい》、ちちを しぼります。おいしい ちちが でるように、えいようの ある えさを やり、牛舎《ぎゅうしゃ》を きれいに そうじします。

ミルカー
ちちしぼりを する きかい。

ちちから つくられるもの

しぼった ちちから、牛乳《ぎゅうにゅう》を つくる。牛乳《ぎゅうにゅう》から いろいろな 食《た》べものを つくる。

牛乳《ぎゅうにゅう》
牛乳
MILK

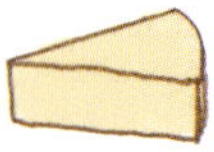
チーズ

ヨーグルト

りょうし（しゅりょうぎょう）

猟師（狩猟業）

しかや いのししなど、食《た》べられる 野生《やせい》の 動物《どうぶつ》を てっぽうで うって とります。動物《どうぶつ》が ふえすぎて こまるときに とることも あります。

長《なが》ぐつ
すべらないよう、スパイクが ついている。

ジビエ

りょうで とって 食《た》べる 野生《やせい》の 動物《どうぶつ》。

まがも

きじ

しか

うさぎ

いのしし

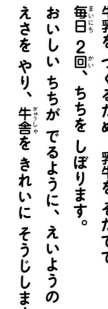

ようほうか

養蜂家

みつばちを 巣箱《すばこ》で かい、はちみつを とります。

はちみつを とるときは
くんえんきを
つかって
みつばちを
おとなしくさせる。

巣板《すいた》を 巣箱《すばこ》から
とりだして
はちみつを あつめる。

くんえんき
けむりを
ふきかける 道具《どうぐ》。

面布《めんぷ》
みつばちから
顔《かお》を まもる。
巣板《すいた》
みつばちが 巣《す》を
つくるところ。
みつを ためる
へやが ある。
巣箱《すばこ》

りんぎょうか

林業家

木材《もくざい》を つくるために、木《き》を そだてます。なえを うえ、よく せわを して、大《おお》きく そだったら 切《き》りだします。ちゅうもんされた かたちに、木《き》を 切《き》ることも あります。

えだうち
よぶんな えだを 切《き》る。
日光《にっこう》が よく 当《あ》たるように
木《き》を 切《き》ることも ある。

切《き》りだし
そだった 木《き》を 切《き》って、
山《やま》から はこびだす。

おうちのかたへ

酪農家になるには、農業系の学校や牧場で、知識や技術を学ぶ必要があります。養蜂には、同じ場所で飼育する定置養蜂と開花時期に合わせて移動する移動養蜂があります。また蜂の飼育には届け出がいります。猟師は、狩猟免許のほか、銃の所持許可と登録が必要です。狩猟できる鳥獣の種類、狩猟期間、狩猟禁止場所などの細かい規定もあります。林業には、林業技士などの資格がありますが、必須ではありません。ただし、チェーンソーの操作など特別教育が必要な作業もあります。

りょうし（ぎょぎょう）

漁師（漁業）

海《うみ》や 川《かわ》で 魚《さかな》や 貝《かい》、いか、かになどを とります。
あみなどの 道具《どうぐ》を しゅうりしたり
船《ふね》を 手《て》いれすることも だいじな しごとです。

あばり

あみを あんだり、
しゅうりする
ための はり。

魚《ぎょ》ぐんたんちき

どこに
どんな魚《さかな》が
どれくらい
いるのか
見《み》つける きかい。

ぎょぎょうの しゅるい

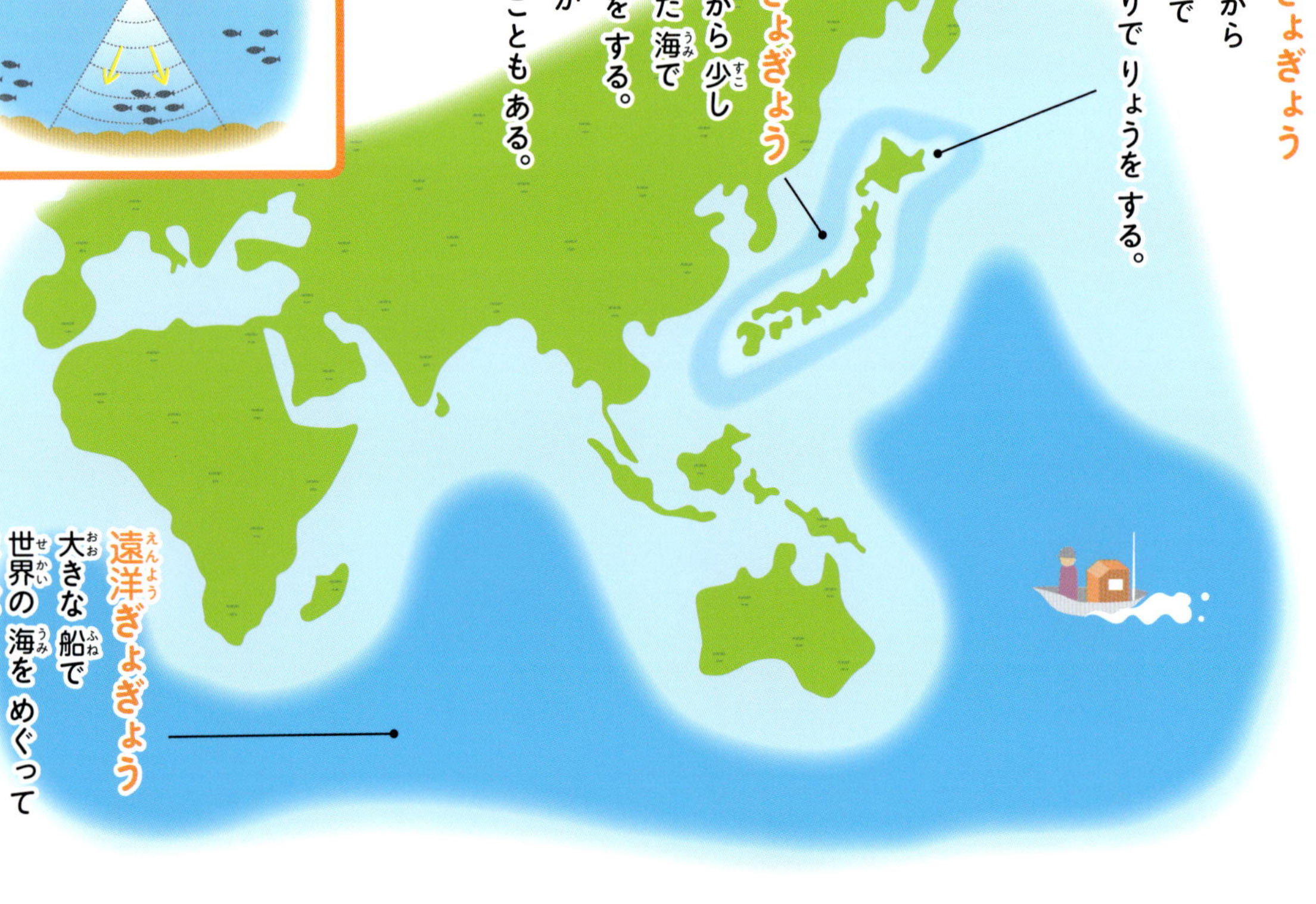

沿岸《えんがん》ぎょぎょう

りくちから
近《ちか》い 海《うみ》で
日《ひ》がえりで りょうを する。

沖合《おきあい》ぎょぎょう

りくちから 少《すこ》し
はなれた 海《うみ》で
りょうを する。
何週間《なんしゅうかん》か
かかることも ある。

遠洋《えんよう》ぎょぎょう

大《おお》きな 船《ふね》で
世界《せかい》の 海《うみ》を めぐって
何《なん》か月《げつ》も かけて
りょうを する。

いろいろな りょう

ていちあみりょう

魚《さかな》の とおり道《みち》に あみを しかけておいて とる。

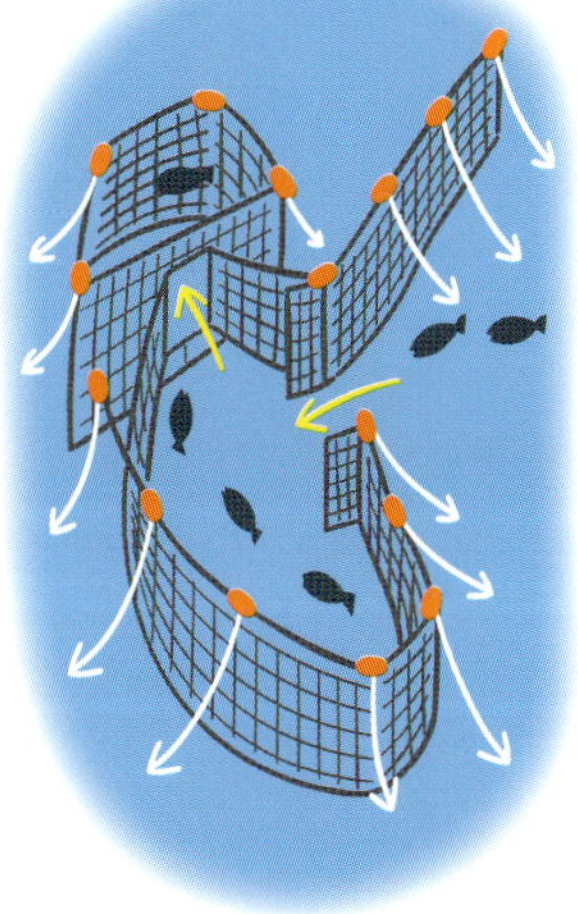

かつおの 一本《いっぽん》づり

えさの いわしを まいて、つりざおで つる。

まぐろの はえなわりょう

1本《ぽん》の 長《なが》い なわに みじかい なわを 何本《なんぼん》も つけて、そのさきに はりと えさを つけて とる。

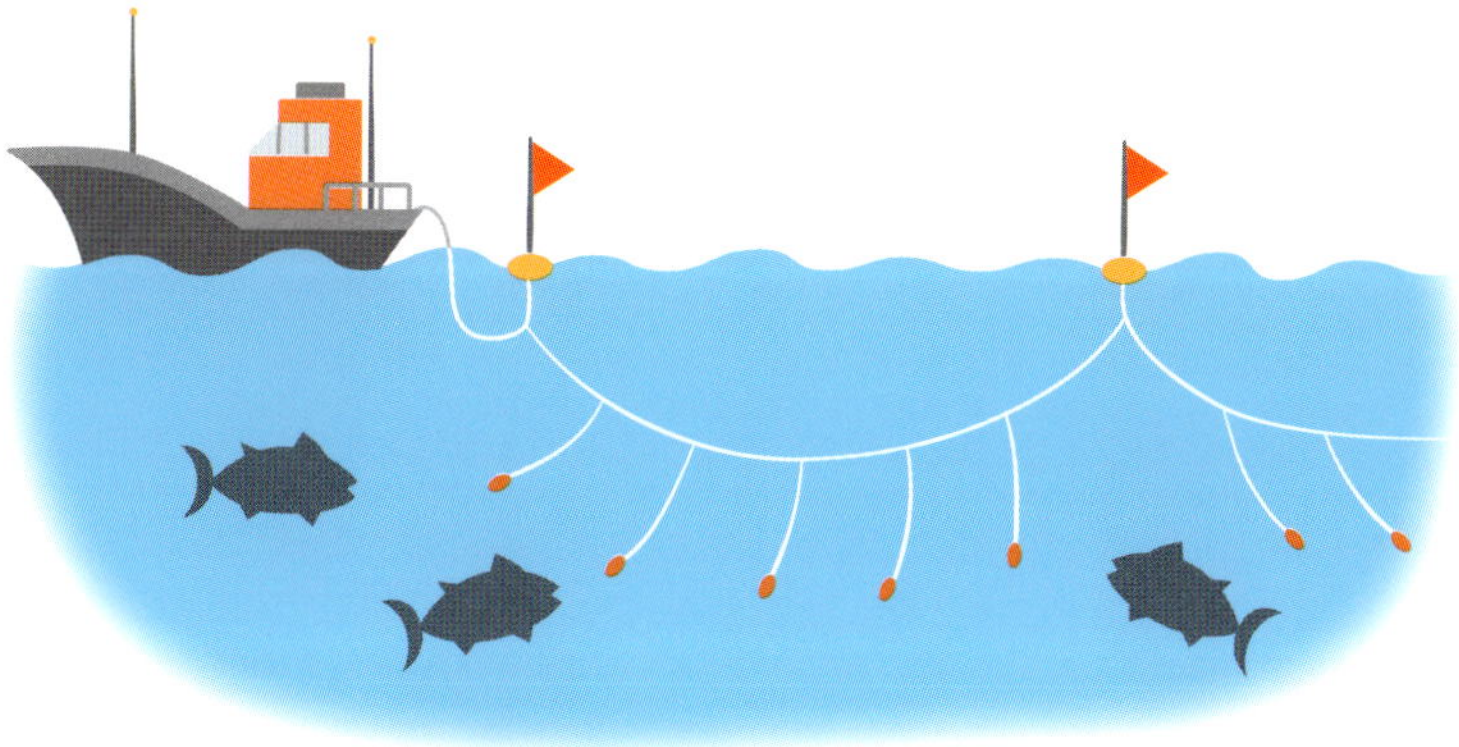

あま 海士・海女

海《うみ》に もぐって、うにや 貝《かい》、海《かい》そうなどを とります。海士《あま》は 男《おとこ》の人《ひと》、海女《あま》は 女《おんな》の人《ひと》です。

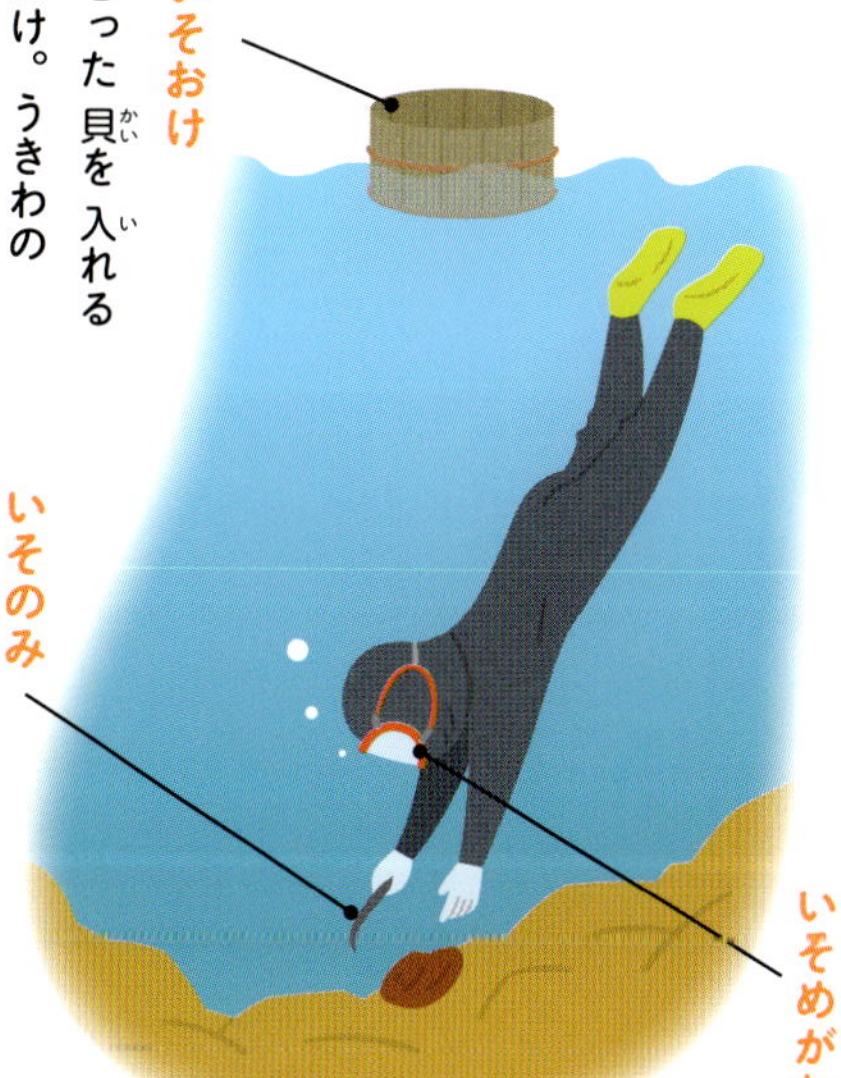

いそおけ とった 貝《かい》を 入《い》れる おけ。うきわの かわりにも なる。

いそのみ あわびなどを 岩《いわ》から はがす 道具《どうぐ》。

いそめがね

おうちの かたへ

漁師の数が最も多いのは沿岸漁業で、地域や季節により獲る魚の種類はさまざまです。自分の船で漁をするには、小型船舶や海上特殊無線の免許、漁業権の取得などが必要です。沖合漁業は、日本近海でアジやサバ、サンマ、イワシなどを獲り、期間は数日から数か月まで幅があります。遠洋漁業はマグロやカツオが中心で、外国の排他的経済水域や世界の公海を漁場とし、数か月から1年以上かかることもあります。海女は、磯着のかわりに、ウェットスーツを着ることが多くなっています。

ようしょくぎょう

養殖業

魚《さかな》や 貝《かい》、海《かい》そうなどを、海《うみ》や 川《かわ》、大《おお》きな 池《いけ》で たくさん そだてます。

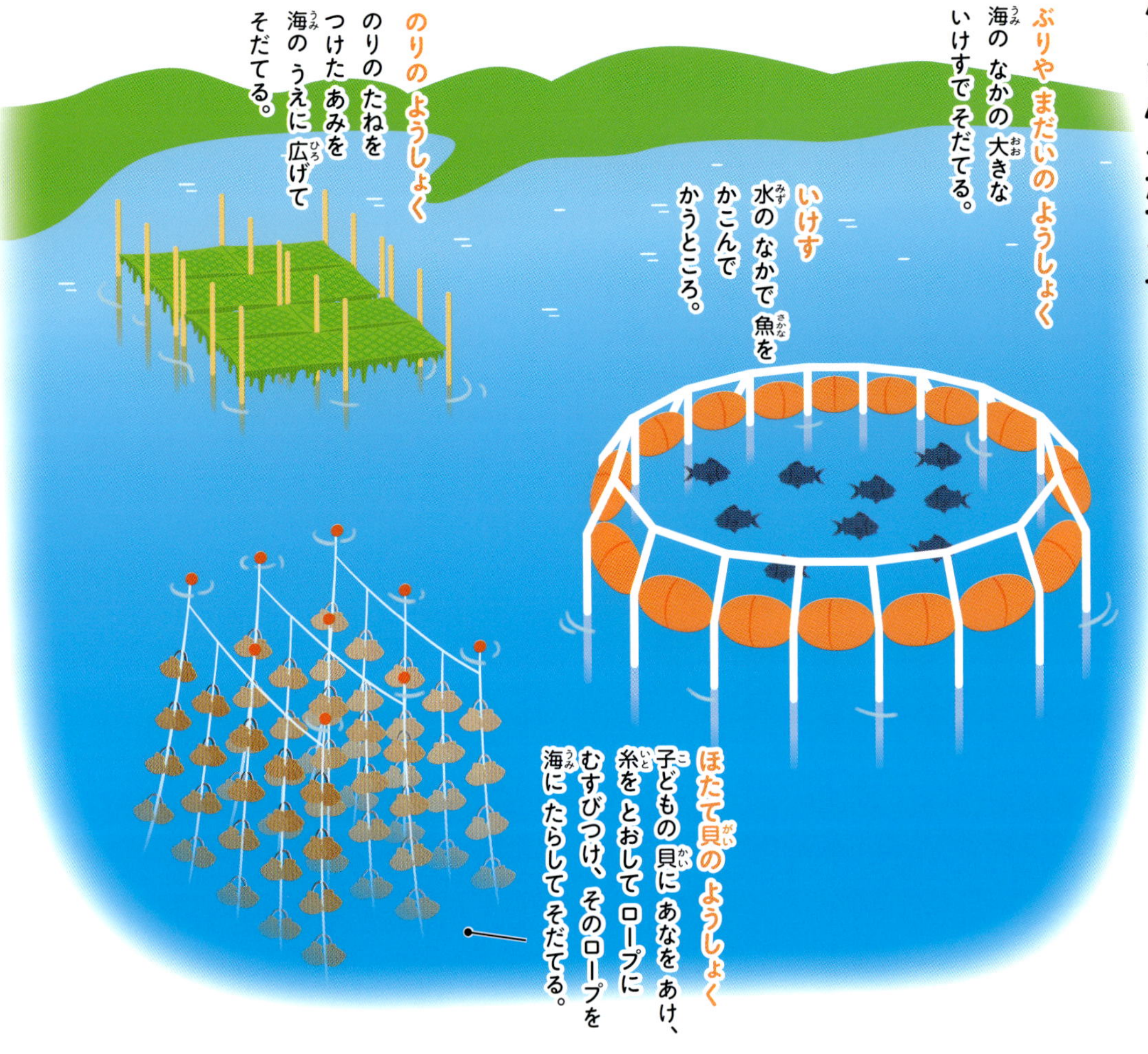
ぶりや まだいの ようしょく
海《うみ》の なかの 大《おお》きな いけすで そだてる。
いけす
水《みず》の なかで 魚《さかな》を かこんで かうところ。
のりの ようしょく
のりの たねを つけた あみを 海《うみ》の うえに 広《ひろ》げて そだてる。
ほたて貝《がい》の ようしょく
子《こ》どもの 貝《かい》に あなを あけ、糸《いと》を とおして ロープに むすびつけ、その ロープを 海《うみ》に たらして そだてる。

すいさんかこうぎょう

水産加工業

魚《さかな》や 貝《かい》などを、ほしたり すりつぶしたり にたりして、とっておくことが できる 食《た》べものを つくります。

かんづめ
にたり むしたり あぶらに つけたり あじを つけたりして、かんに つめたもの。

ねりもの
魚《さかな》を すりつぶして あじを つけ、火《ひ》を とおして かためたもの。

ひもの
魚《さかな》や 貝《かい》、いかなどを ほしたもの。

かんぶつ
のり、わかめ、こんぶ、ひじきなどを かわかしたもの。

のり

漁師《りょうし》が とった 魚《さかな》や 貝《かい》などは、
市場《いちば》で、売《う》られます。

せり

市場《いちば》で 商品《しょうひん》の ねだんを きめる ほうほう。その 商品《しょうひん》に いちばん 高《たか》い ねだんを つけた 人《ひと》が 買《か》うことが できる。

おろしうりぎょう
卸売業

みなとから とどいた 魚《さかな》を 仲卸業者《なかおろしぎょうしゃ》に 売《う》ります。

なかおろしぎょう
仲卸業

よい 魚《さかな》を 見《み》きわめて 卸売業者《おろしうりぎょうしゃ》から 買《か》い、いろいろな ぶぶんに わけて 売《う》ります。

鮮魚店《せんぎょてん》、すし店《てん》、スーパーマーケット、レストランなどから しいれに くる。

おうちのかたへ

カンパチ、シマアジなど、養殖できる魚介類は、技術の進歩によって種類が増え、品質も向上しています。養殖技術は、減少している魚を守るためにも有効と考えられており、マダイやヒラメなどは卵から育てる完全養殖も行われています。漁師が獲った魚は、市場で取り引きしますが、産地から直接仕入れる会社もあります。市場で仕入れる方法は、せりのほか、卸売業者と話し合って決める相対取引があります。なお、青果や花卉《かき》の市場にも専門の卸売・仲卸業者がいます。

だいく 大工

木《き》を つかった たてものを つくったり なおしたりします。建築士《けんちくし》や 左官職人《さかんしょくにん》などと 力《ちから》を あわせて しごとを すすめます。

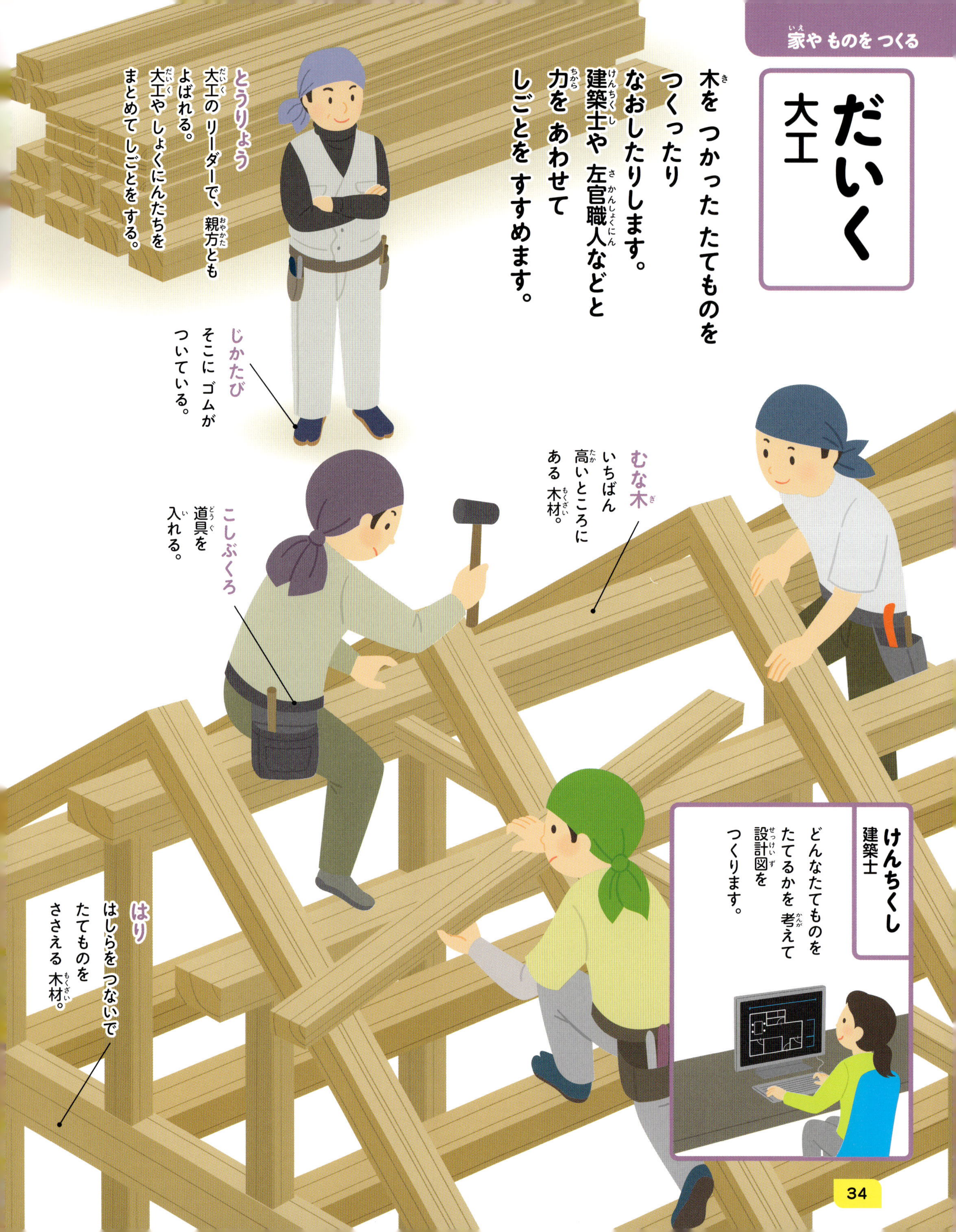
とうりょう
大工《だいく》の リーダーで、親方《おやかた》とも よばれる。大工《だいく》や しょくにんたちを まとめて しごとを する。
じかたび
そこに ゴムが ついている。
むな木《ぎ》
いちばん 高《たか》い ところに ある 木材《もくざい》。
こしぶくろ
道具《どうぐ》を 入《い》れる。
はり
はしらを つないで たてものを ささえる 木材《もくざい》。
けんちくし
建築士
どんな たてものを たてるかを 考《かんが》えて 設計図《せっけいず》を つくります。

おうちのかたへ

大工は、力仕事だけでなく、木の性質をよくふまえたうえで緻密な計算をするため、専門的な知識、技術を必要とします。その技を支えるために昔から使われてきた道具がありますが、今はほとんど電動の工具を使います。大工になるには、工務店や住宅メーカーに就職するか、棟梁に弟子入りして経験を積みます。建築士の資格を持つ大工も多くいます。

棟梁とは、家を支える重要な部材である棟と梁を意味し、そこから大工の親方を指すようになりました。

大工《だいく》の わざと 道具《どうぐ》

切《き》る

木材《もくざい》を のこぎりで 切《き》り、はしらや 板《いた》を つくる。

はかる

さしがねで、長《なが》さや 角度《かくど》を 正《ただ》しく はかる。

線《せん》を 引《ひ》く

すみつぼで すみを つけた 糸《いと》を はじくと、木材《もくざい》に まっすぐな 線《せん》を 引《ひ》くことが できる。

けずる

木材《もくざい》を かんなで けずって たいらに する。

けずりとる

ちょうなを つかって 木材《もくざい》を けずりとる。

ほぞや ほぞあなを つくる

木材《もくざい》と 木材《もくざい》を 組《く》みあわせる ための でっぱりと あなを、のみで けずって つくる。

のこぎり
さしがね
しるしを つける
切《き》ったり けずったりするのに ひつような しるしを つけることを、「けがき」「すみつけ」とも いう。
すみつぼ
かんな
ちょうな
げんのう(かなづち)
のみ
ほぞ
ほぞあな

さかんしょくにん
左官職人

たてものの かべや ゆか、
てんじょうを ぬります。
土《つち》や すな、セメントなどの
ざいりょうを まぜて、
こてという 道具《どうぐ》を つかって
きれいに ぬっていきます。
タイルを はったり、
ブロックや レンガを
つむことも あります。

かわらぶきしょくにん
瓦葺き職人

たてものの やねを かわらで
おおいます。
やねの かたちに あうように、
かわらを ひとつひとつ けずって
ぴたりと あわせて ならべます。
城《しろ》などの 古《ふる》い たてものの
かわらを しゅうりすることも
あります。

たたみしょくにん
畳職人

い草《ぐさ》や わらなどを
つかって、へやに
ぴったり あうように
たたみを つくったり、
古《ふる》い たたみを
なおしたりします。
寺《てら》や 茶室《ちゃしつ》に
しく たたみを
つくることも あります。

とびしょく
鳶職

たてものの 工事《こうじ》を
するために 足場《あしば》や
ほねぐみを つくります。
高《たか》いところで しごとを
するので ヘルメットと
命《いのち》づなを つけます。
工事《こうじ》が おわったら
足場《あしば》や ほねぐみを
はずします。

こうぎょうデザイナー
工業デザイナー

工場《こうじょう》で つくる せいひんを デザインします。ぶんぼうぐや そうじきなど 身《み》の まわりの ものから 飛行機《ひこうき》など 大《おお》きなものまで、 いろいろな 工業《こうぎょう》デザイナーが います。

みためが よいだけでは なく、 あんぜんに つかえるか、 だれでも つかいやすいかなども 考《かんが》えて くふうします。

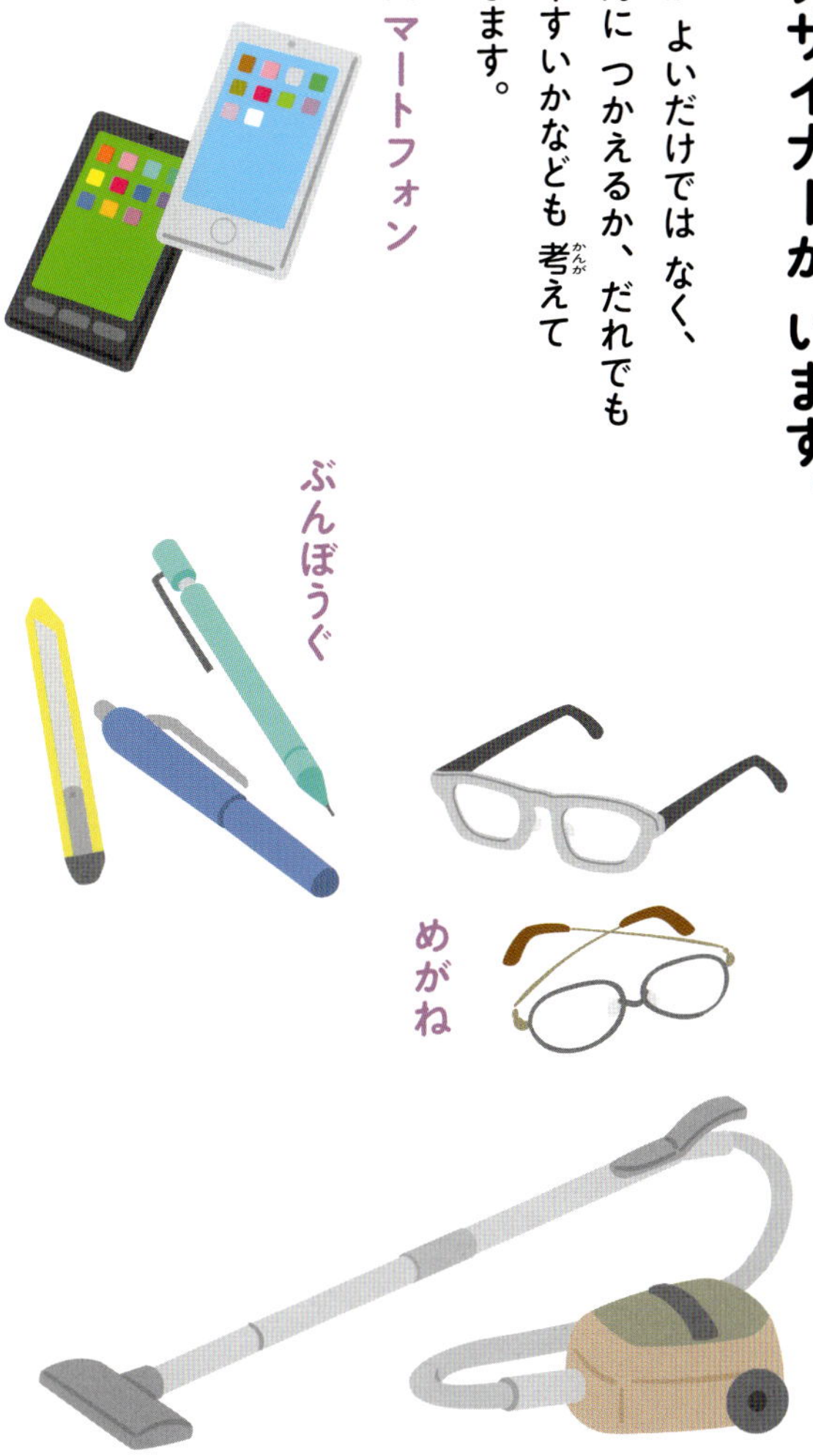
スマートフォン
ぶんぼうぐ
めがね
そうじき

かながたせっけいし
金型設計士

工場《こうじょう》で つくる せいひんの かたちに あわせて、 細《こま》かく 計算《けいさん》して 金型《かながた》を 設計《せっけい》します。

めがねの 金型《かながた》
スマートフォンの 金型《かながた》
フィギュアの 金型《かながた》

金型《かながた》 せいひんの かたちに あわせた 金《きん》ぞくの かた。きかいで、 同《おな》じものを はやく たくさん つくることが できる。

おうちのかたへ

左官職人やとび職になるには、建築会社や工務店に就職するか、親方に弟子入りします。畳は、近年ほとんどが畳製造会社の機械で作られていますが、弟子入りして技術を身につけ、独立することもできます。技能検定による国家資格は、それぞれ左官技能士、とび技能士、畳製作技能士があります。

金型は、車体などの大きなものから、医療用の細さ1ミリ以下のものまで、種類も大きさもさまざまです。日本の金型技術の精度は世界有数で、手作業で0.01ミリ単位で調整することもできます。

じどうしゃを つくる
自動車を つくる

新《あたら》しい 自動車《じどうしゃ》を 考《かんが》えだして
つくりあげるまでには、大《おお》ぜいの 人《ひと》たちが
いろいろな しごとを します。

かいはつ

よのなかの うごきを
しらべて、
どんな自動車《じどうしゃ》が
ひつようか 考《かんが》え、
つくるための 計画《けいかく》を
たてます。

カーデザイナー

自動車《じどうしゃ》の デザインと 設計《せっけい》を 考《かんが》えます。
かたちや 色《いろ》、ざいりょうを きめ、
設計図《せっけいず》を つくります。

ねんどで じっさいの
大《おお》きさの もけいを
つくる。

テストドライバー

設計図《せっけいず》を もとに ためしに
つくった 自動車《じどうしゃ》に のって、
あんぜんに 走《はし》れるかどうか
テストを します。

水《みず》や 風《かぜ》の なかでも
じょうぶか テストを する。

組《く》み立《た》て工場《こうじょう》

テストに ごうかくしたら
売《う》るための 自動車《じどうしゃ》を
つくります。さまざまな
部品《ぶひん》を きかいや 人《ひと》の 手《て》で
組《く》み立《た》てます。

かんせいした
1台《だい》の 車《くるま》には
たくさんの 部品《ぶひん》が
つかわれている。

カーディーラー

いろいろな 自動車《じどうしゃ》を 売《う》ります。お客《きゃく》さんが いくらで 買《か》いたいか、何《なに》に つかうのかなどを 聞《き》いて きぼうに あう 車《くるま》を すすめます。店《みせ》の 自動車《じどうしゃ》に ためしに のってみてもらうことも あります。

じどうしゃせいびし
自動車整備士

自動車《じどうしゃ》が あんぜんに 走《はし》れるように こわれたところを しゅうりして、きずや へこみを なおします。ぐあいが わるいところが ないか、てんけんも します。

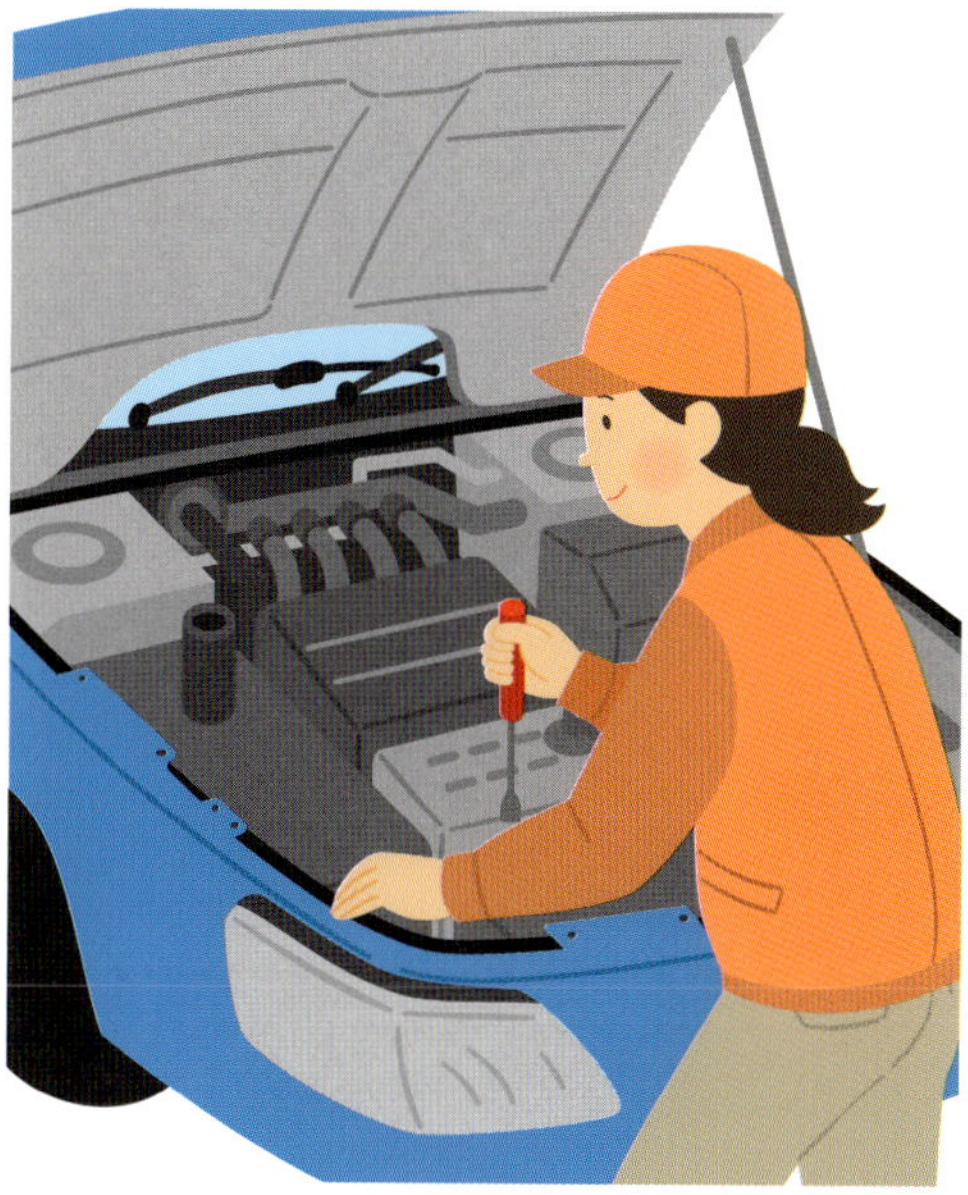

かんきょうに やさしい 自動車《じどうしゃ》

ガソリンで 走《はし》る 自動車《じどうしゃ》は はいきガスを だします。はいきガスは、いきものに がいが あるので、できるだけ だせないように した 自動車《じどうしゃ》が つくられています。

電気自動車《でんきじどうしゃ》
電気《でんき》の 力《ちから》だけで 走《はし》る。はいきガスを ださない。

ハイブリッドカー
電気《でんき》と ガソリンで 走《はし》る。つかう ガソリンが 少《すく》ないので はいきガスも あまり ださない。

おうちのかたへ

自動車をつくるには、多くの部品が必要です。部品は、種類別に複数の工場でつくります。車体に使う鉄板、ハンドル、シートなどをつくる工場もあります。それら大小さまざまな部品を組み立て工場で車の形にしあげます。その後、テスト走行して安全確認をしたり、シャワーで水漏れの検査をするなどさまざまなテストや点検をします。

自動車整備の仕事には、無資格でもできる補助的な業務もありますが、一人前の整備士になるには国家資格が必要です。

ゆうびんきょく
郵便局

郵便切手《ゆうびんきって》や はがきを 売《う》り、 手紙《てがみ》や 小《こ》づつみなどの 郵便物《ゆうびんぶつ》を あてさきに とどけます。 ちょきんや、 ほけんの しごとも しています。

郵便物《ゆうびんぶつ》が とどくまで

集荷《しゅうか》
ポストや まど口《ぐち》で 郵便物《ゆうびんぶつ》を あつめる。

しわけ
あてさきべつに わけて あてさきの 近《ちか》くの 郵便局《ゆうびんきょく》に はこぶ。

配達員《はいたついん》の しわけ
はやく、 まちがいなく とどけられるように くばる じゅんに ならべる。

配達《はいたつ》
1けんずつ とどける。

ゆうびんはいたついん
郵便配達員

バイクや 自転車《じてんしゃ》で 郵便物《ゆうびんぶつ》を とどける。

郵便物《ゆうびんぶつ》を 入《い》れる 箱《はこ》が ついている。

ぎんこう
銀行

人《ひと》や 会社《かいしゃ》の お金《かね》を あずかったり、
ひつような 人《ひと》に かしたりします。
また、ほかの 銀行《ぎんこう》などに
お金《かね》を うつすことも できます。

銀行《ぎんこう》の やくわり

あずかる
お金《かね》を あずかる。
あずかったぶんより
多《おお》く お金《かね》を かえす。

かす
お金《かね》を かす。
かしたぶんより 多《おお》い
お金《かね》を かえしてもらう。

かんりする
あずかった
お金《かね》を、
あんぜんに
しまっておく。

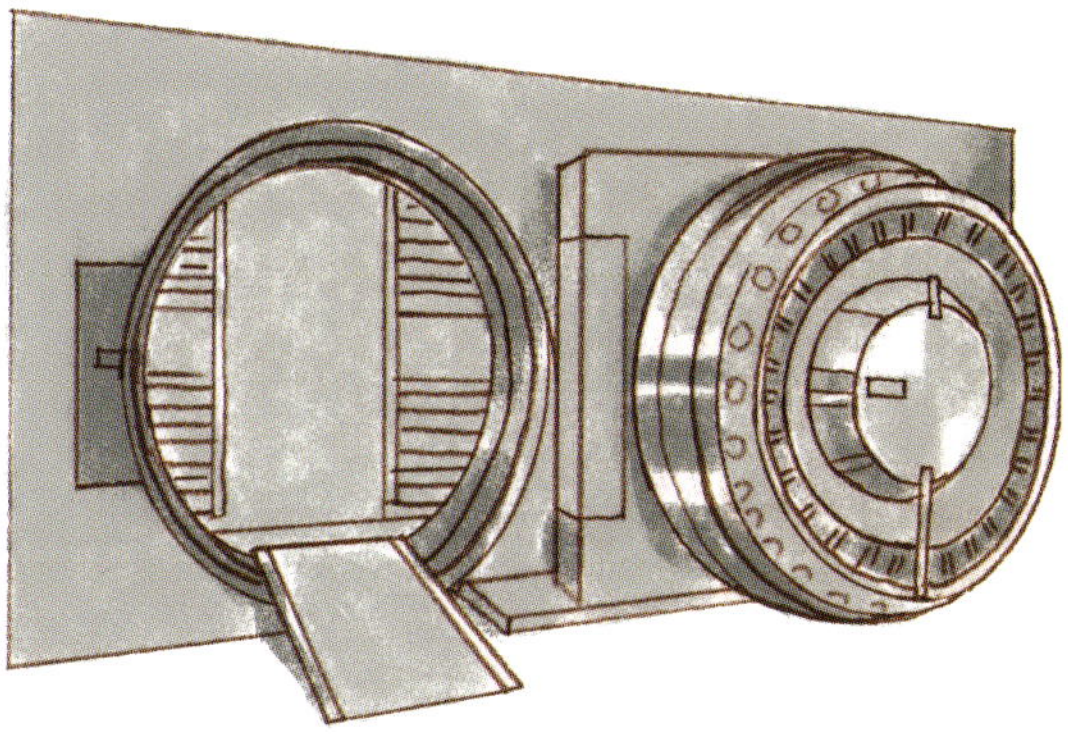

うつす
はなれた 場所《ばしょ》に、あんぜんに
はやく お金《かね》を うつす。

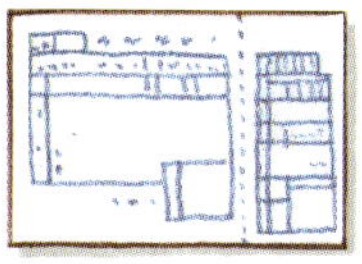

ファイナンシャルプランナー

お金《かね》の つかいかたや
ふやしかたの
そうだんに のり、
その人《ひと》や 会社《かいしゃ》に あった
計画《けいかく》を 考《かん》えて、すすめます。

おうちのかたへ

郵便局は、日本郵政グループの日本郵便、ゆうちょ銀行、かんぽ生命、3つの会社の業務を担っています。また、地域の名産品販売や高齢者のみまもりサービス、地域によっては、住民票などの証明書交付、ゴミ処理券販売も行っています。

銀行は、預金を集める、貸し付ける、送金や振り込みをする（為替）ことがおもな仕事です。銀行員は、窓口、融資、営業などの担当に分かれて仕事をします。ファイナンシャルプランナーの資格を持ち、資産運用のアドバイスをする人もいます。

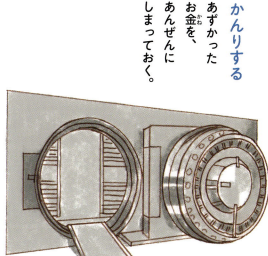

すいどうきょく

水道局

川《かわ》や 湖《みずうみ》の 水《みず》を きれいにして、のみ水《みず》を つくります。
あんぜんな のみ水《みず》か、けんさを して
わたしたちの もとへ とどけます。
いつでも あんしんして のめるように、
しせつの てんけんも しています。

のみ水《みず》が とどくまで

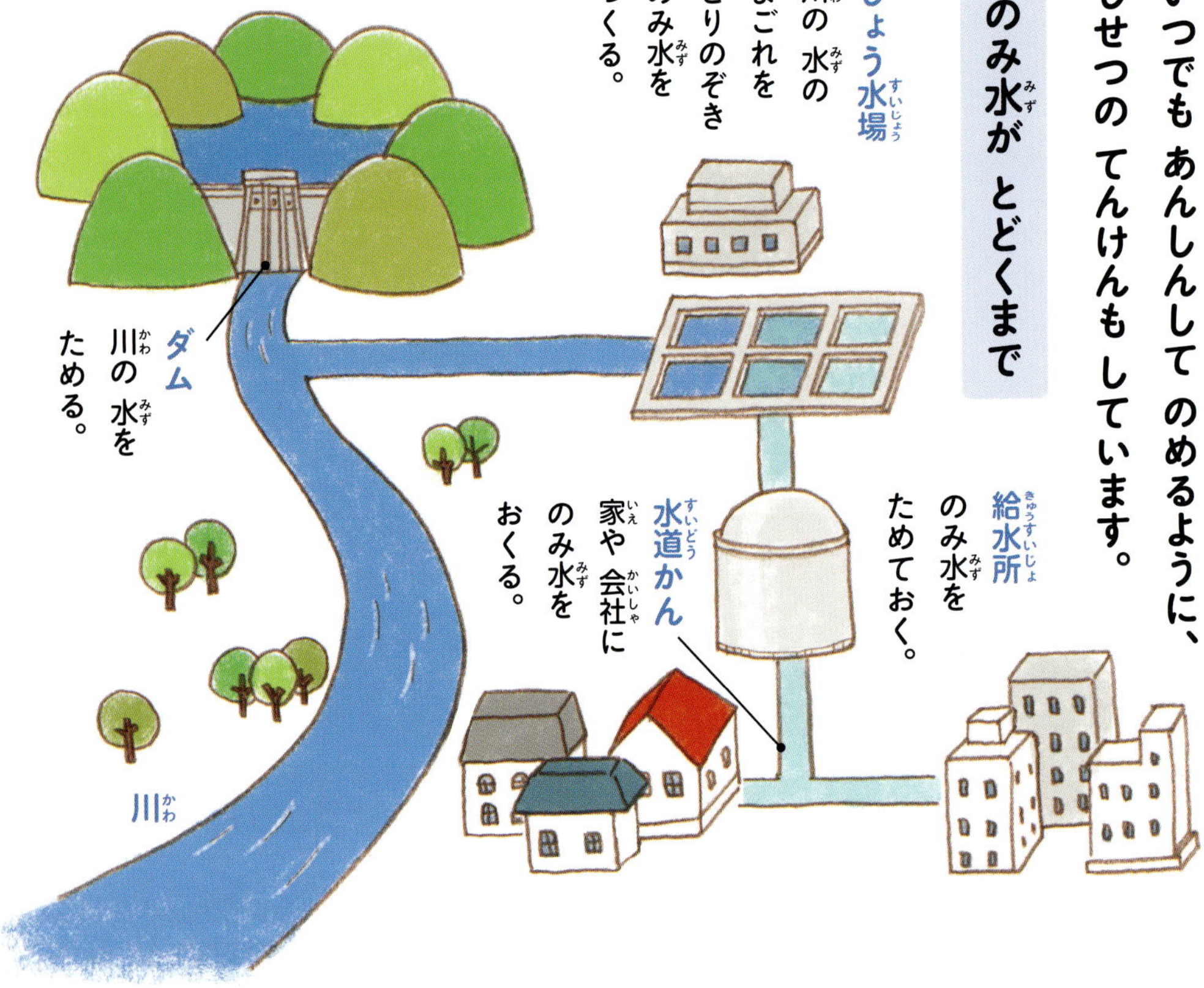
じょう水場《すいじょう》
川《かわ》の 水《みず》の よごれを とりのぞき のみ水《みず》を つくる。
給水所《きゅうすいじょ》
のみ水《みず》を ためておく。
水道《すいどう》かん
家《いえ》や 会社《かいしゃ》に のみ水《みず》を おくる。
ダム
川《かわ》の 水《みず》を ためる。
川《かわ》

ガスがいしゃ

ガス会社

いつでも りょうりを したり
ふろを わかしたりできるように
ガスを つくって とどけます。
ガスきぐの てんけんや しゅうりも します。
ガスには、としガスと LP《エルピー》ガスの
2しゅるいが あります。

としガスが とどくまで

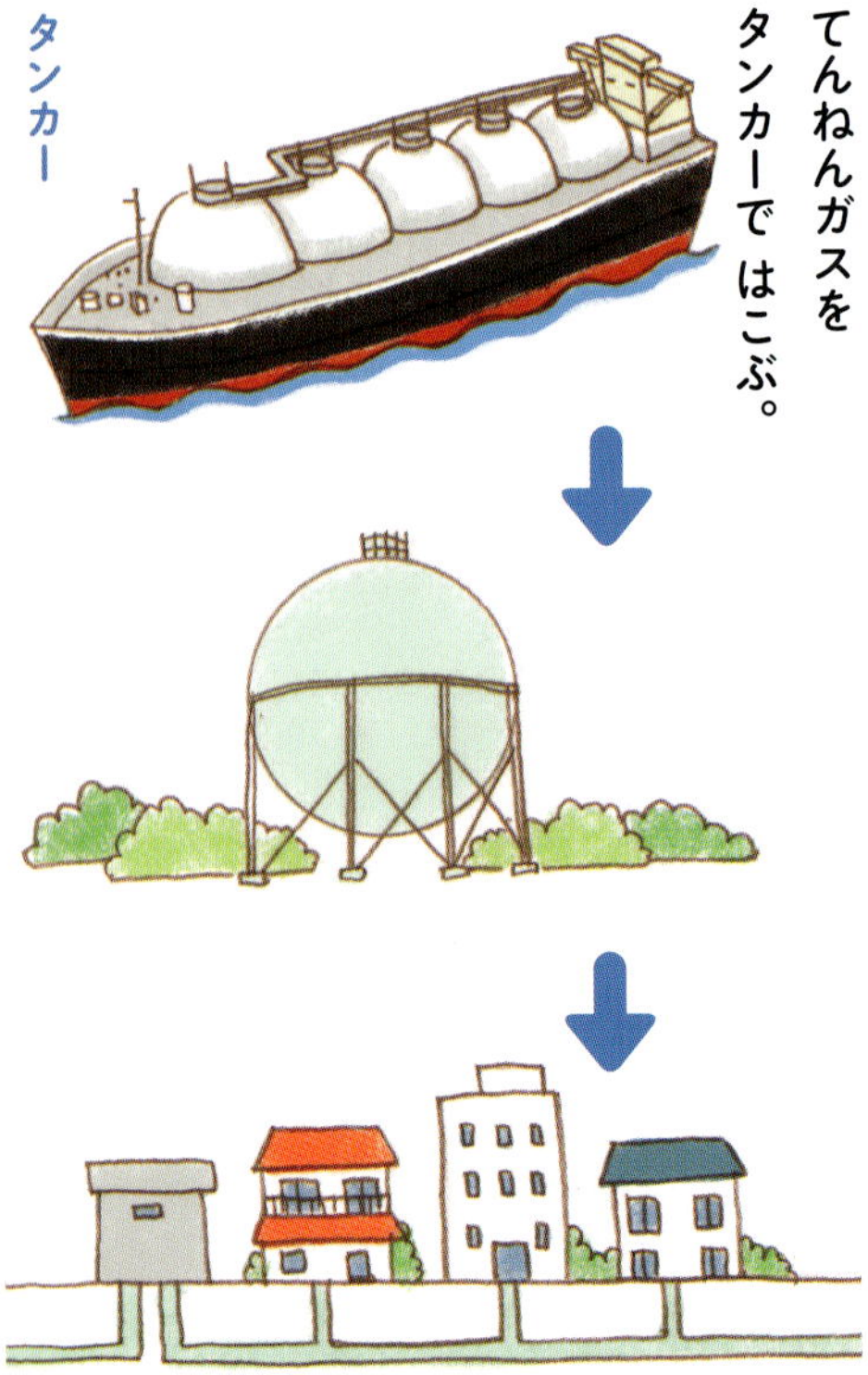
タンカー
てんねんガスを はこぶ
外国《がいこく》の ガス田《でん》から ほりだした てんねんガスを タンカーで はこぶ。
ガスを つくる
てんねんガスに においを つけて、としガスを つくる。
ガスを とどける
ガスの いきおいを ちょうせつしてから とどける。

でんりょくがいしゃ

電力会社

電気《でんき》を つくり、わたしたちの もとへ とどけます。電気《でんき》は ためておくことが できないので、昼《ひる》も 夜《よる》も 休《やす》まず つくります。ていでんしないように いつも てんけんを しています。

電気《でんき》が とどくまで

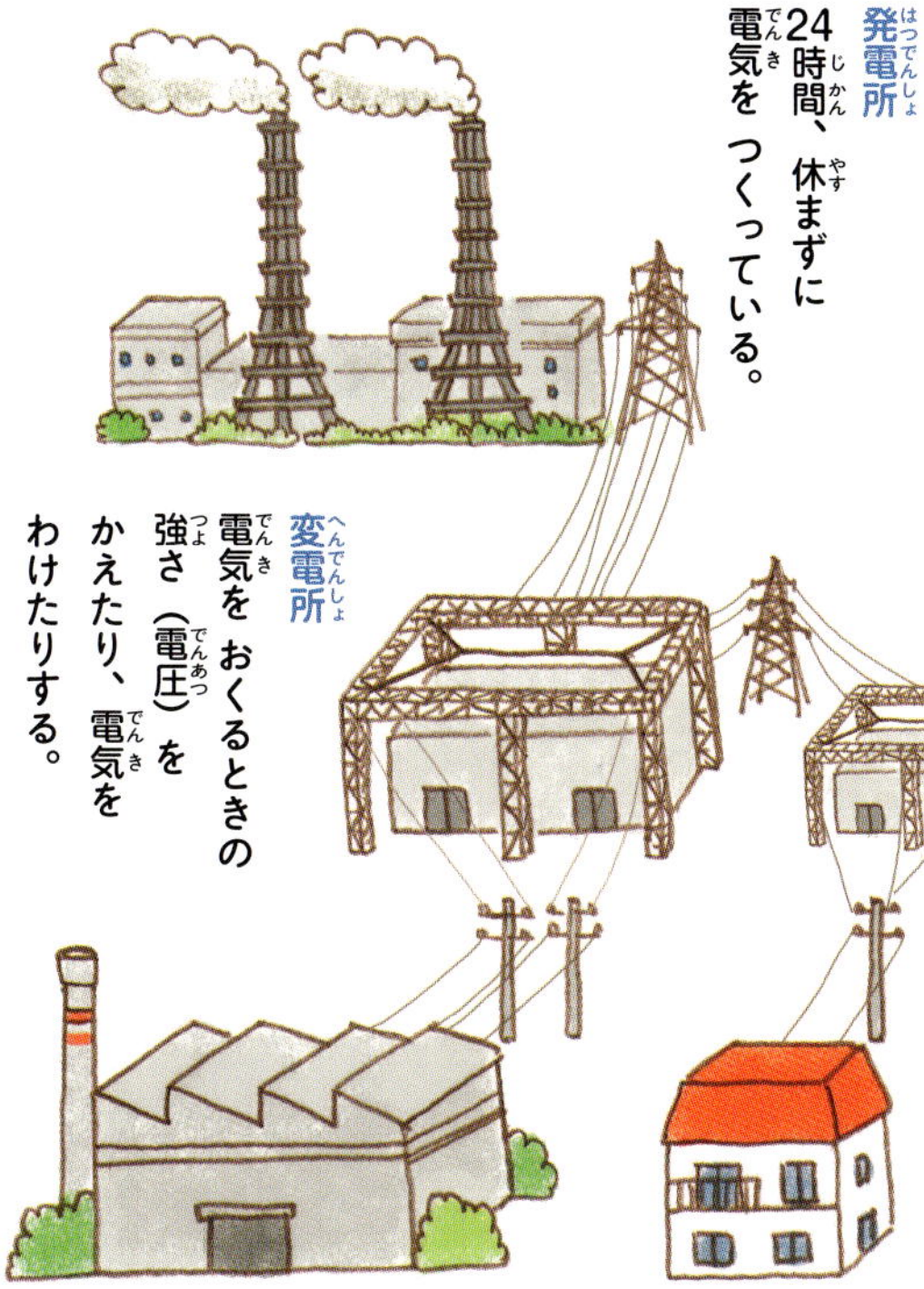

発電所《はつでんしょ》
24時間《じかん》、休《やす》まずに
電気《でんき》を つくっている。
変電所《へんでんしょ》
電気《でんき》を おくるときの
強《つよ》さ（電圧《でんあつ》）を
かえたり、電気《でんき》を
わけたりする。
家庭《かてい》や 店《みせ》には、
電圧《でんあつ》を さげて
電気《でんき》を おくる。

せいそうこうじょう

清掃工場

ごみを わけて あつめて、しょうきゃくろで もやします。もやして はいに なった ごみは、うめたて地《ち》へ はこんで うめます。

もやす ごみが しょぶんされるまで

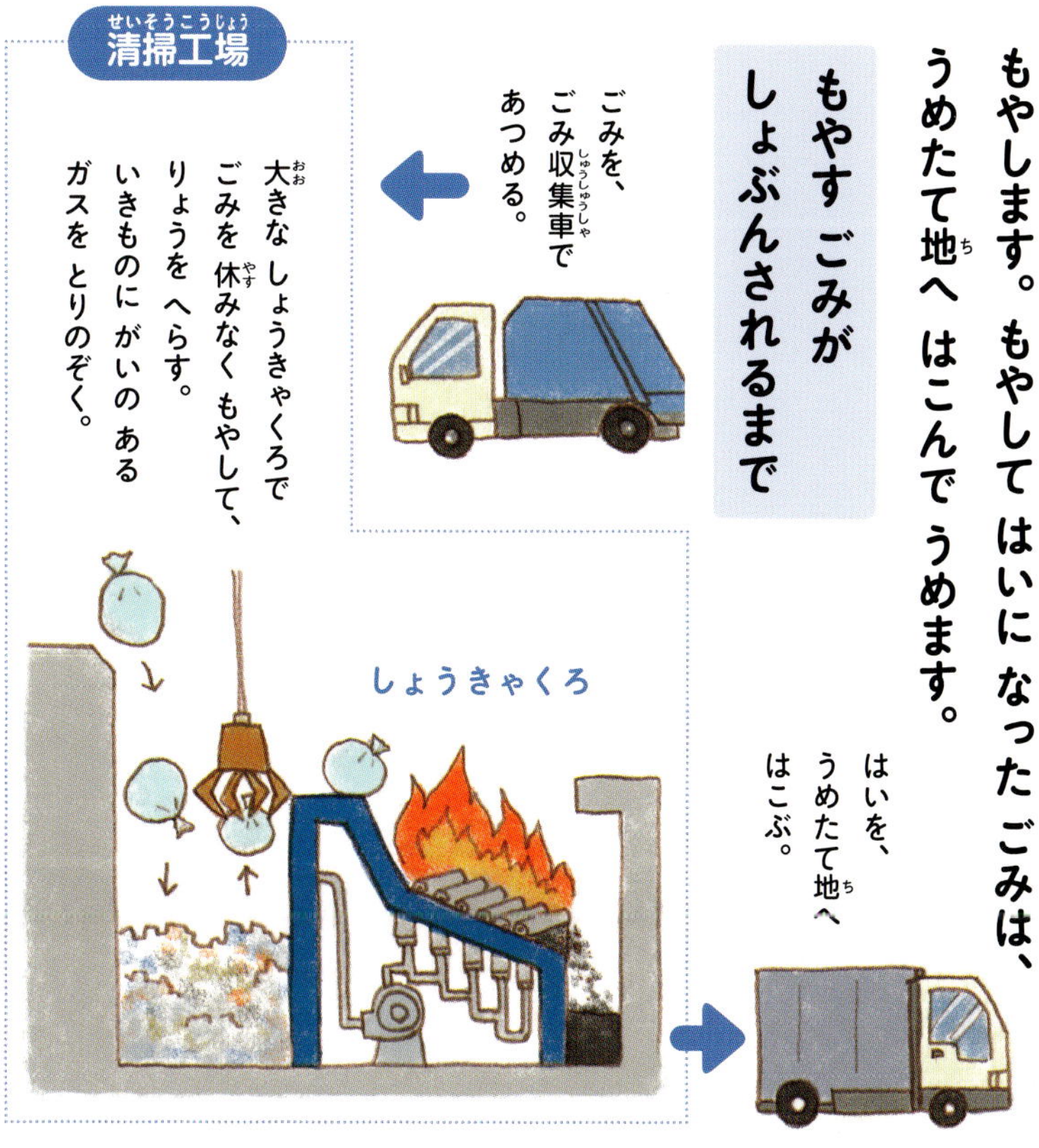

ごみを、
ごみ収集車《しゅうしゅうしゃ》で
あつめる。
清掃工場《せいそうこうじょう》
大《おお》きな しょうきゃくろで
ごみを 休《やす》みなく もやして、
りょうを へらす。
いきものに がいの ある
ガスを とりのぞく。
しょうきゃくろ
はいを、
うめたて地《ち》へ
はこぶ。

おうちのかたへ

浄水場の水質検査では、薬品や器具を使って色や臭いや味の検査、成分分析をして、有害物質は活性炭などで取り除きます。天然ガスは、ＬＮＧ（液化天然ガス）という冷たい液体にして専用のタンカーで運び、温めて気体にもどして使います。発電の方法には、火力や水力のほか、太陽光や風力など再生可能エネルギーによるものがあります。清掃工場でごみを燃やす時の熱は、発電などに利用します。焼却灰の一部はアスファルトの材料などに再利用し、埋め立てる量を減らします。

やくしょで はたらく
役所で 働く

市《し》や 町《まち》や 村《むら》の 役所《やくしょ》では、そこに
すんでいる 人《ひと》たちが よりよい 生活《せいかつ》を
おくれるように、さまざまな
しごとを しています。

公園《こうえん》や 道路《どうろ》、学校《がっこう》や
図書館《としょかん》などを
いつ どのように つくるか
計画《けいかく》する。
ごみの だしかたや
リサイクルの しかたを
知《し》らせる。
公園《こうえん》の 木《き》や いきものなど
しぜんや かんきょうも
まもる。

ひっこしや けっこんを
したとき、子《こ》どもが
生《う》まれたときの とどけでを
うけつける。どこに だれが
すんでいるのかを きろくする。

子《こ》どもたちが 学校《がっこう》で 楽《たの》しく
あんぜんに すごせるように、
せつびを ととのえ
教科書《きょうかしょ》を くばる。

お年《とし》よりや からだの ふじゆうな 人《ひと》、
生活《せいかつ》に こまっている 人《ひと》たちを
たすける。

しちょう そんちょう
市町村長

とどうふけん ちじ
都道府県知事

市長《しちょう》は 市《し》の、町長《ちょうちょう》は 町《まち》の、村長《そんちょう》は 村《むら》の せきにんしゃで、知事《ちじ》は 47都道府県《とどうふけん》 それぞれの せきにんしゃです。
そこで くらす 人《ひと》たちが せんきょで えらびます。
くらしやすいところに するために、かいぎを ひらいて 計画《けいかく》を たて、きまりごとを つくります。

こっかいぎいん
国会議員

日本《にほん》を どんな国《くに》に していくか 話《はな》しあい、ほうりつを つくるため 国会《こっかい》が ひらかれます。日本《にほん》じゅうから えらばれた 国会議員《こっかいぎいん》は 国会《こっかい》に あつまり、日本《にほん》が すみやすい ゆたかな 国《くに》に なるように いけんを だしあいます。

ないかくそうりだいじん
内閣総理大臣

国会議員《こっかいぎいん》の なかから えらばれた 日本《にほん》の リーダーです。世界《せかい》じゅうの 国《くに》の だいひょうと 話《はな》しあい、日本《にほん》や 世界《せかい》の あんぜんを まもります。総理《そうり》や 首相《しゅしょう》とも よばれます。

おうちのかたへ

市町村の役所の職員は、地方公務員試験に合格した後、各自治体で採用が決まります。市長、町長、村長および47都道府県の知事は、各自治体の選挙で選ばれます。任期は4年で、リコールによる住民投票で解任されることもあります。また、国会議員と兼職はできません。国会議員である参議院議員と衆議院議員は、選挙区制と比例代表制を並立した選挙で選ばれます。任期は参議院は6年、衆議院は4年です。衆議院には解散があり、任期途中の選挙で落選することもあります。

そうりょ

僧侶

ほとけの 教《おし》えを 学《まな》び、 話《はなし》を して つたえます。おきょうを あげて 人《ひと》びとのために いのり、なやんでいる 人《ひと》の そうだんに のります。

そうしきや ほうじで おきょうを あげ、なくなった 人《ひと》が しあわせで いるように いのる。
もくぎょ
おきょうを あげるときに たたく。
けさ
左《ひだり》の かたから ななめに かける。
じゅず
小《ちい》さな 玉《たま》を 糸《いと》で つなぎ わに したもの。

しんぷ

神父

ぼくし

牧師

教会《きょうかい》で れいはいを おこない、 キリストの 教《おし》えを つたえ、人《ひと》びとを みちびきます。けっこんしきや、 そうしきも おこないます。

神父《しんぷ》
カトリック教会《きょうかい》に つとめる。けっこんしていない 男《おとこ》の 人《ひと》が なる。

牧師《ぼくし》
プロテスタント教会《きょうかい》に つとめる。けっこんしている 人《ひと》も していない 人《ひと》も なることが できる。

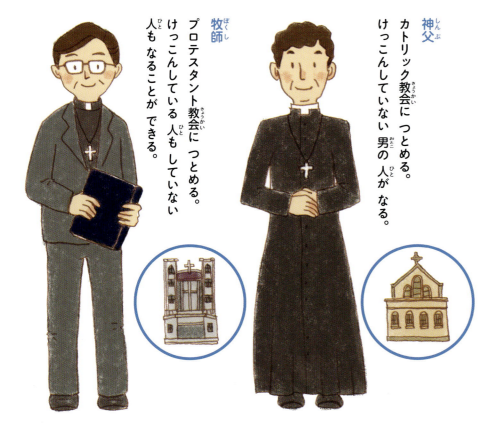

かんぬし（しんしょく）
神主（神職）

神社《じんじゃ》で、神《かみ》を まつって、人《ひと》びとの しあわせを いのります。まつりなどの 行事《ぎょうじ》を おこない、おまいりする 人《ひと》の ねがいを 神《かみ》に つたえます。

ぐうじ
神社《じんじゃ》の せきにんしゃ。

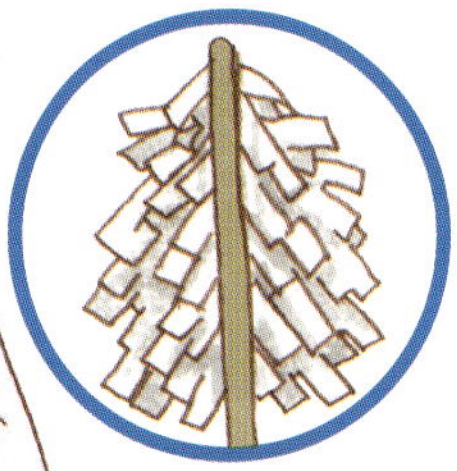

おおぬさ
木《き》の ぼうに 紙《かみ》や あさの たばを つけたもの。おはらいするときに つかう。

あさぐつ
木《き》の くつ。

神社《じんじゃ》の 行事《ぎょうじ》

例祭《れいさい》
毎年《まいとし》 きまった 日《ひ》に おこなう だいじな まつり。

七五三《しちごさん》
男《おとこ》の子《こ》は 3さいと 5さい、女《おんな》の子《こ》は 3さいと 7さいのとき 神社《じんじゃ》に おまいりし、せいちょうに かんしゃする。

みこ
巫女

おまいりする 人《ひと》を あんないしたり、神主《かんぬし》を 手《て》つだったりします。

おうちのかたへ

寺の責任者を住職といいます。寺には、浄土宗、曹洞宗など宗派があり、宗派によって経や教義が異なります。神主とは、神職を指す通称で、神社の代表者を宮司といいます。巫女が振る鈴の音は、参拝者を祓い清め、神霊の力を招くといわれています。

ローマ教皇を首長とするカトリックの聖職者には、司教、司祭、助祭がおり、神父とは司祭を指す通称です。プロテスタントは、16世紀の宗教改革でカトリックに抗議して生まれた教派で、女性牧師もいます。

てつどううんてんし
鉄道運転士

電車《でんしゃ》を 運転《うんてん》して、乗客《じょうきゃく》を あんぜんに はこびます。
じこくひょうに あわせて 運転《うんてん》して 駅《えき》の きまった いちに 電車《でんしゃ》を とめます。

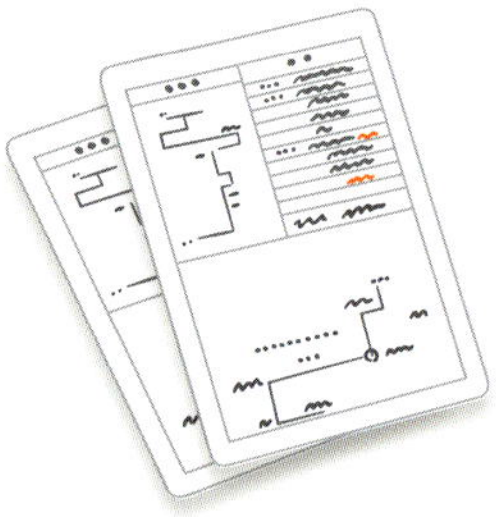

行路表《こうろひょう》
運転《うんてん》する 電車《でんしゃ》、駅《えき》、じこくが 書《か》かれている。

運転《うんてん》する まえに、ハンドルや メーターなどを ひとつひとつ ゆびで さし、声《こえ》に だして かくにんする。運転中《うんてんちゅう》も メーターや しんごう、ひょうしきを かくにんする。

鉄道運転士《てつどううんてんし》の ある１日《にち》

- 10:30 **会社《かいしゃ》に 来《く》る**
- 11:30 **運転《うんてん》を はじめる**
- とちゅうで なんどか きゅうけいする。
- 午後《ごご》 9:30 **運転《うんてん》を おえる**
- 午後《ごご》 10:00 **かみんを とる**
  つぎの 日《ひ》の 始発《しはつ》の 電車《でんしゃ》も 運転《うんてん》するときは、駅《えき》の しせつに とまる。
- つぎの 日《ひ》
- 4:00 **おきる**
- 5:00 **運転《うんてん》を はじめる**
- とちゅうで なんどか きゅうけいする。
- 10:00 **運転《うんてん》を おえて、家《いえ》に かえる**

あんぜんに 運転《うんてん》できるように、よく ねむる。

しゃしょう

車掌

運転士《うんてんし》と きょうりょくして、
乗客《じょうきゃく》を あんぜんに
はこびます。
駅《えき》では ドアを あけ、
のりおりを かくにんして
ドアを しめ、
発車《はっしゃ》の 合図《あいず》を します。
車内《しゃない》では のりかえあんないの
ほうそうも します。

えきかかりいん

駅係員

駅《えき》の かいさつで あんないを
したり、ホームで 乗客《じょうきゃく》が
あんぜんに
のりおりを しているか
かくにんします。
まど口《ぐち》では
きっぷなどを 売《う》ります。

ほせんいん

保線員

線路《せんろ》を てんけんして、
すこしの ずれも ないように
レールの しゅうりや
こうかんなどを します。
しんごうきや
ふみきりなども
てんけんします。

てつどうしゃりょうせいびし

鉄道車両整備士

車両《しゃりょう》を すみずみまで
てんけんして、電車《でんしゃ》が
あんぜんに 走《はし》れるように
せいびします。
部品《ぶひん》の こうかんや
しゅうりも します。

おうちのかたへ

鉄道運転士になるには、鉄道会社に就職後、駅係員、車掌を経験し、研修を受けて、動力車操縦者運転免許を取得する必要があります。免許には種別があり、運転する車両の種類に合わせてとります。電車が予定通りに駅に到発着するには、車掌と駅係員の連携が不可欠です。車掌が見えない場所の乗り降りは、駅係員が確認して合図を出します。車いすの人が乗る場合は、乗降駅の駅係員が連絡を取り合います。保線員は、安全運行のために、線路をミリ単位で整備しています。

しんかんせんうんてんし

新幹線運転士

新幹線《しんかんせん》を 運転《うんてん》して、乗客《じょうきゃく》を はやく あんぜんに はこびます。じこくひょうに あわせて 運転《うんてん》して 駅《えき》の きまった いちに とめます。

モニター
速度計《そくどけい》
ぎゃくてんハンドル
すすむ 方向《ほうこう》を 切《き》りかえる。
マスターコントローラー
走《はし》る はやさを かえる。
ブレーキハンドル
電話《でんわ》

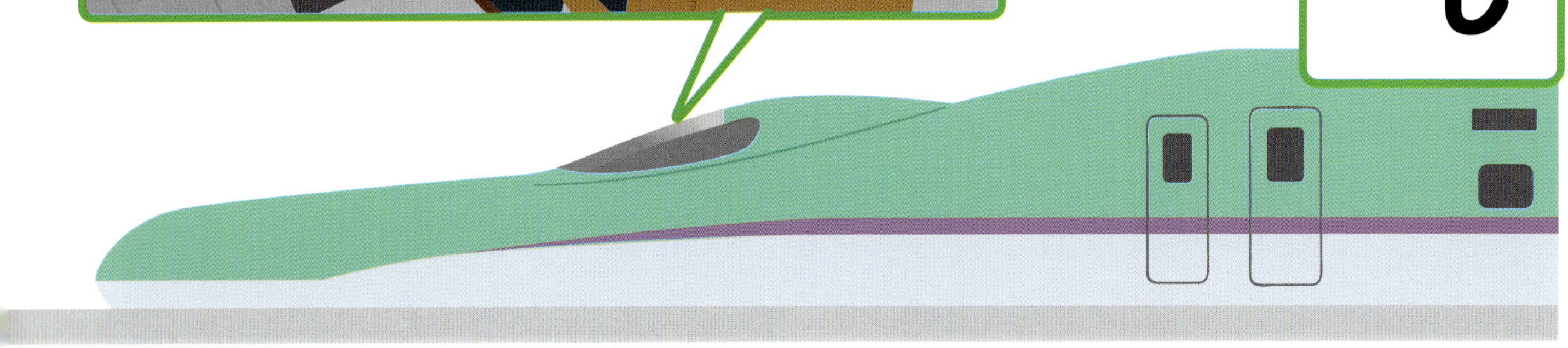

パーサー

車内《しゃない》で 食《た》べものや のみものを 売《う》ります。乗客《じょうきゃく》が 気持《きも》ちよく すごせるように 気《き》を くばります。

せいそうチーム

清掃チーム

新幹線《しんかんせん》が 終点《しゅうてん》に ついたら、つぎの 出発《しゅっぱつ》までの みじかい あいだに、すばやく そうじを します。

人《ひと》や ものを はこぶために いろいろな 運転手《うんてんしゅ》が はたらいています。

バスうんてんしゅ
バス運転手

乗客《じょうきゃく》を バス停《てい》から
バス停《てい》まで はこびます。
バスを あんぜんに 運転《うんてん》し、
りょうきんを うけとります。

タクシーうんてんしゅ
タクシー運転手

お客《きゃく》さんが 行《い》きたい
ところまで あんぜんに
おくりとどけ、りょうきんを
うけとります。
どこへでも まよわず
行《い》けるように、
いろいろな 道《みち》を おぼえます。

トラックうんてんしゅ
トラック運転手

たくさんの にもつを トラックに
つんで、あんぜんに
よていどおりに
もくてき地《ち》に とどけます。
とても とおいところまで
とどけることも あります。

たくはいびんドライバー
宅配便ドライバー

お客《きゃく》さんが のぞむ
日《ひ》にちや 時間《じかん》に あわせて
にもつを とどけます。
いろいろな にもつが
あるので ちゅういして
はこびます。

おうちのかたへ

新幹線の運転士になるには、まずＪＲ各社に就職して、駅係員、車掌を経て、鉄道運転士としての経験を積みます。その後、社内の選抜試験に合格し、さらに動力車操縦者の新幹線電気車運転免許を取得する必要があります。新幹線には、自動ブレーキシステムがありますが、一定の速度まで減速したら、運転士が手動でブレーキをかけます。荷物を運ぶトラックや宅配便は第一種運転免許で運転することができますが、乗客を運ぶバスやタクシーの運転には、第二種運転免許が必要です。

パイロット

飛行機《ひこうき》を そうじゅうして、あんぜんに よていどおり もくてき地《ち》に つくように 乗客《じょうきゃく》を はこびます。航空管制官《こうくうかんせいかん》とも れんらくを とり、飛行機《ひこうき》の いちや スピード、天気《てんき》などを つねに たしかめます。

出発《しゅっぱつ》まえの じゅんび
天気《てんき》を たしかめ、とぶ 道《みち》すじや 高《たか》さの 計画《けいかく》を たてる。航空整備士《こうくうせいびし》と きょうりょくして、飛行機《ひこうき》を てんけんする。

そうじゅう
機長《きちょう》と ふくそうじゅうしで そうじゅうする。じどう運転《うんてん》に 切《き》りかえた あとも、つねに ちゅういする。

機長《きちょう》
飛行機《ひこうき》の せきにんしゃ。キャプテンと よばれる。

そでの ライン
4本線《ほんせん》は、機長《きちょう》、3本線《ほんせん》は、ふくそうじゅうしの しるし。

おもな もちもの

パイロット めんきょしょう

パスポート

しんたいけんさ しょうめいしょ

むせんの めんきょしょう

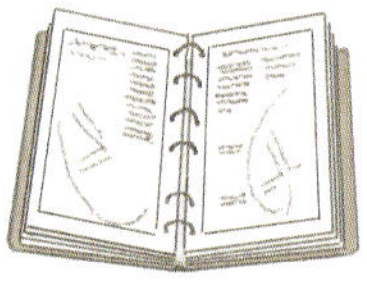
航空《こうくう》ようの 地図《ちず》

そうじゅう かいせつ書《しょ》

ヘッドセット

サングラス

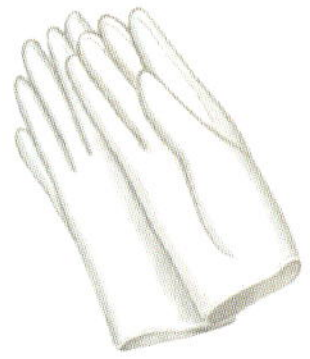
手《て》ぶくろ

ライト

キャビンアテンダント

飛行機《ひこうき》の 乗客《じょうきゃく》が、気持《きも》ちよく あんぜんに すごせるように、ひとりひとりに 気《き》を くばって サービスを します。ぐあいが わるくなった 人《ひと》が いたら おうきゅう手当《てあ》てを します。

出発《しゅっぱつ》まえの じゅんび

食《た》べものや のみものが たりているか、救命《きゅうめい》どう衣《い》は こわれていないか、あやしいものが ないかなどを たしかめる。

機内《きない》サービス

食《た》べものや のみものを くばる。もうふや ざっしなどを ほしい 人《ひと》に とどける。おみやげも 売《う》る。

あんぜんを まもる

乗客《じょうきゃく》に 救命《きゅうめい》どう衣《い》の つかいかたを 見《み》せ、シートベルトを しめたか かくにんする。きんきゅうの ときには ゆうどうする。

スカーフ
いろいろな まきかたが ある。
せいふく
スーツケース

おうちの かたへ

旅客機のパイロットになるには、航空会社に入社し、事業用操縦士の国家資格に加え、機種別の飛行機の免許や、無線の免許などをとり、定期的に技能検査や身体検査を受けます。副操縦士として経験を積み、定期運送用操縦士の国家試験に合格すると機長になれますが、常に冷静に判断できる精神力も重要です。

キャビンアテンダントは客室乗務員とも呼ばれます。よりよいサービスができるよう、搭乗前には全員で打ち合わせをします。そのリーダーとなる責任者をチーフパーサーといいます。

くうこうで はたらく
空港で 働く

乗客《じょうきゃく》や にもつを 飛行機《ひこうき》で
あんぜんに はこぶため、
たくさんの 人《ひと》が はたらいて います。

こうくうせいびし
航空整備士

飛行機《ひこうき》が とびたつ まえに
たくさんの 部品《ぶひん》を
てんけんします。
すこしでも ぐあいが
わるいところが あれば
すぐに しゅうりします。

グランドハンドリングスタッフ

飛行機《ひこうき》を あんぜんに とめるため、
パイロットに 合図《あいず》して きまった
いちへ みちびきます。 にもつや
機内食《きないしょく》の つみおろしも します。

にゅうこくしんさかん
入国審査官

外国《がいこく》から 日本《にほん》に 来《き》た 人《ひと》の
パスポートを かくにんして、
日本《にほん》に 入《はい》って よいかを
きめます。

ぜいかんしょくいん
税関職員

外国《がいこく》から 来《き》た にもつや
外国《がいこく》に はこばれる にもつに
税金《ぜいきん》を かけます。
禁止《きんし》されて いるものが 入《はい》って
いないかも しらべます。

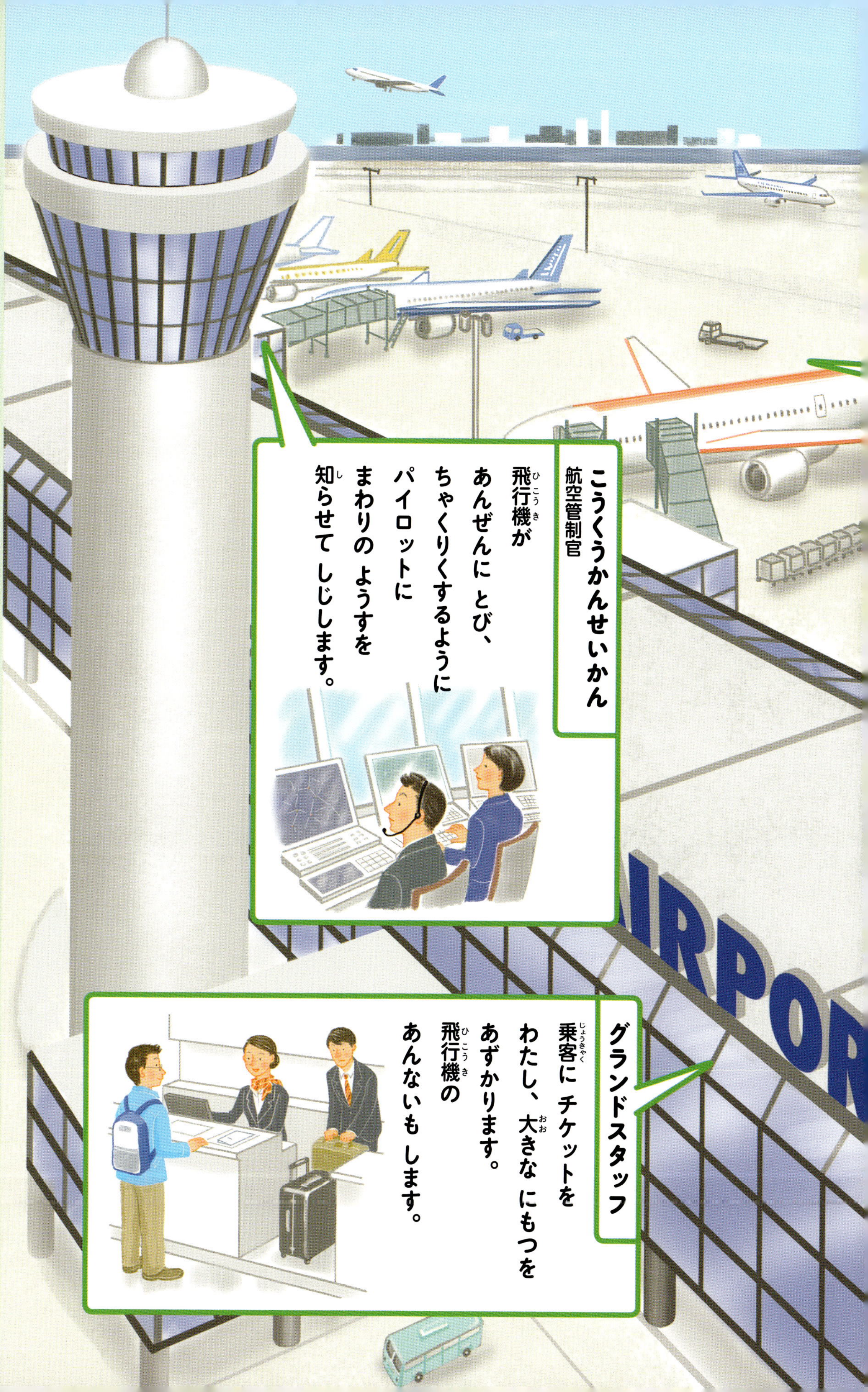

こうくうかんせいかん

航空管制官

飛行機《ひこうき》が
あんぜんに とび、
ちゃくりくするように
パイロットに
まわりの ようすを
知《し》らせて しじします。

グランドスタッフ

乗客《じょうきゃく》に チケットを
わたし、大《おお》きな にもつを
あずかります。
飛行機《ひこうき》の
あんないも します。

おうちのかたへ

グランドハンドリングスタッフの中でも、両手に持ったパドルで飛行機を誘導する人はマーシャラーと呼ばれます。グランドスタッフには語学力や機転、体力が求められ、航空会社の関連会社や派遣会社で採用されるのが一般的です。管制官は国土交通省か自衛隊、入国審査官は法務省、税関職員は財務省の職員で、同じ職場でも所属が異なります。税関で麻薬探知犬と働く税関職員はハンドラーといいます。ほかにも、運航管理を行い、フライトプランをたてるディスパッチャーも働いています。

ホテルで はたらく

ホテルで 働く

ホテルでは、とまる 人《ひと》や 食事《しょくじ》を する 人《ひと》など、たくさんの お客《きゃく》さんを もてなすため、いろいろな やくわりの 人《ひと》が はたらいて います。

そうしはいにん
総支配人

ホテルの せきにんしゃです。よい サービスが できるよう いろいろな 人《ひと》に しじします。

フロントがかり
フロント係

お客《きゃく》さんに、とまる へやや ホテルの なかを あんないします。よやくも うけつけます。

コンシェルジュ

お客《きゃく》さんの 行《い》きたい ところや 知《し》りたい ことを 聞《き》いて、手《て》だすけします。

ベルボーイ

お客《きゃく》さんの にもつを はこんだり、へやまで あんないしたり します。

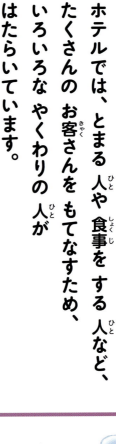

おうちのかたへ

ホテルの業務は、いくつかの部門に分かれています。ここでとりあげた仕事は、総支配人以外は宿泊部門です。料飲部門はレストランやバーでのサービス、宴会部門は婚礼などのサービスを行い、ほかに、シェフが所属する調理部門、集客のために企画する営業部門、総務や経理などの管理部門などもあります。全体を統括するのが総支配人で、ゼネラルマネージャー（GM）とも呼ばれます。ホテルで働く人は、さまざまな人をもてなすため、語学力やマナーの知識などが求められます。

ハウスキーパー
お客《きゃく》さんが つかった へやを そうじします。タオルや シーツを とりかえて、きれいに ととのえます。
ドアマン
車《くるま》の ドアや 入《い》り口《ぐち》の ドアを あけ、お客《きゃく》さんを むかえいれたり、おくりだしたりします。

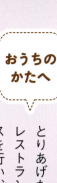

ツアーコンダクター

大《おお》ぜいで まとまって りょこうする 人《ひと》たちが 楽《たの》しく あんぜんに すごせるように せわを します。ホテルや レストランの よやくを して、りょこうの パンフレットを つくります。

バスガイド

バスに のり、たびさきの あんないを します。お客《きゃく》さんが 楽《たの》しく すごせるように 車内《しゃない》では 歌《うた》ったり、ゲームを したりします。バスの そうじや 運転手《うんてんしゅ》の 手《て》つだいも します。

りょこうする 場所《ばしょ》について いろいろな 話《はなし》を する。

おうちのかたへ

ツアーコンダクターは、添乗員とも呼ばれ、旅行代理店に勤めるか派遣会社に登録して働きます。観光系の学部のある大学や専門学校では、学生時代から添乗業務を学ぶことができます。主任として同行するには、国内と総合（海外）の旅程管理主任者の資格が必要です。添乗だけでなく、出発前の手配から担当することもあります。バスガイドになるには、バス会社に就職します。観光シーズンに合わせて、期間を限定して雇用する会社もあります。旅に関わる仕事では、語学力が求められます。

3 けんこうと くらしを まもる

あんぜんな くらしを まもる

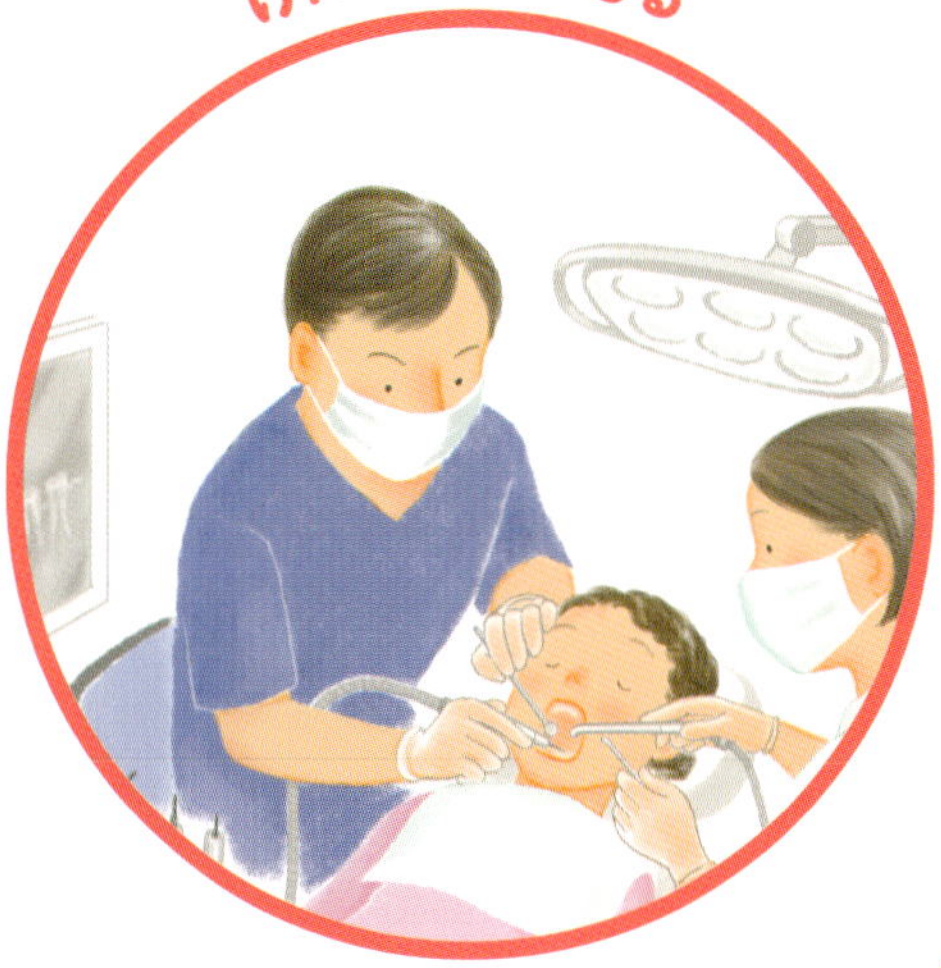
けんこうを まもる

くらしを 手《て》だすけする

人《ひと》を そだてる

けいさつかん
警察官

だれもが あんしんして くらせるように、
じけんや じこを かいけつしたり ふせいだりします。
交番《こうばん》の 警察官《けいさつかん》の ほかにも
いろいろな 警察官《けいさつかん》が います。

けいぼう
おそわれたときなどに 身《み》を まもるための ぼう。

マイク

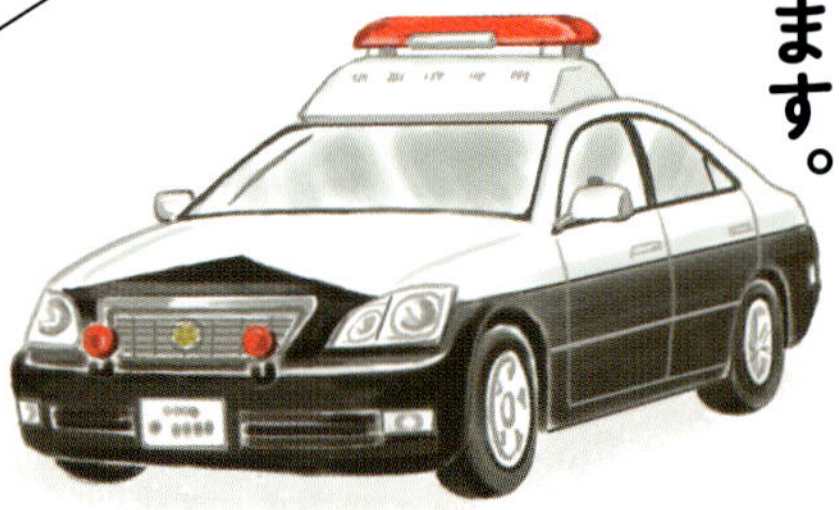

パトロールカー（パトカー）
ちいきを パトロールしたり、じけんが おきたところに 行《い》くときに のる。急《いそ》ぐときは、サイレンを 鳴《な》らす。

道具《どうぐ》

警察《けいさつ》てちょう
警察官《けいさつかん》だと しめすもの。

むせんき
マイクと つながっていて ほかの 警察官《けいさつかん》と れんらくを とるための そうち。

けいてき
こうつういはんを とりしまったり、ちゅういを したりするときに 鳴《な》らす。

交番《こうばん》では、落《お》としものを あずかったり 道《みち》あんないを したりして、ちいきの 人《ひと》たちの 生活《せいかつ》を たすけている。

いろいろな しごと

パトロール

町《まち》の なかに
きけんなことが
ないか、見《み》まわる。
あやしい 人《ひと》を
見《み》かけたときは、
声《こえ》を かけて
かくにんする。

じけんや じこの たいおう

じけんや じこが
おきたところに
すぐに 行《い》って
たいおうする。

人《ひと》びとを たすける

じけんや じこに あって
こまっている 人《ひと》や
ひがいを うけた 人《ひと》の
そうだんに のる。

しろバイたいいん
白バイ隊員

白《しろ》い バイクで パトロールして、
しんごうむしや スピードいはんを
した 人《ひと》を しどうします。

赤色灯《せきしょくとう》
サイレンを 鳴《な》らすと
赤《あか》く 点《てん》めつする。

ヘルメット
マイクが
ついていて、
走《はし》っているときも
話《はなし》が できる。

サイドボックス
地図《ちず》や
しょるいなどが
入《はい》っている。

スピーカー

おうちのかたへ

日本の警察には、警察庁と都道府県警察があります。警察庁は国の行政機関で、国家公安委員会に属し、都道府県警察を管理します。都道府県警察は各都道府県の組織で、警察本部（東京都は警視庁）が、所轄の警察署、交番、駐在所を統括します。

交番の警察官は、地域の安全を守る部署である地域課に所属しています。警察署にはほかにも、交通違反の取り締まりなどを行う交通課や、少年犯罪やストーカー被害などを扱う生活安全課、刑事課など、さまざまな部署があります。

けいじ 刑事

警察署《けいさつしょ》で はたらく 警察官《けいさつかん》です。
お金《かね》や ものを うばったり、人《ひと》を だましたり
きずつけたり ころしたりした はんにんを
そうさして たいほします。知《し》らせが 入《はい》ると
すぐに その場《ば》に 行《い》って そうさを します。

はんにんに 警察官《けいさつかん》だと
気《き》づかれないように
せいふくは きていない。

警察《けいさつ》てちょう
刑事《けいじ》だと
しめすもの。

身《み》を まもるために
ぼうだんチョッキを
きたり、けんじゅうを
もつときも ある。

そうさする
はんにんを
つかまえるために、
いろいろな 人《ひと》に
話《はなし》を 聞《き》く。

たいほする
はんにんと
思《おも》われる
しょうこが
見《み》つかったら
たいほする。

とりしらべを する
たいほした
人《ひと》から
じけんに ついて
くわしく 聞《き》く。

けいさつけんくんれんし

警察犬訓練士

警察犬《けいさつけん》は、よく きく 鼻《はな》を いかして はんざいの しょうこを さがしたり、はんにんを つかまえる 手《て》つだいを します。警察犬訓練士《けいさつけんくんれんし》は、警察犬《けいさつけん》として はたらくように 犬《いぬ》を そだてます。

まて！

「まて」「さがせ」「もってこい」 など、ことばを 聞《き》いて いうとおりに うごく 練習《れんしゅう》を する。

においを かぎわける、高《たか》いところを とびこえるなど 警察犬《けいさつけん》としての 練習《れんしゅう》を する。

かんしきかん

鑑識官

じけんの げんばを よく しらべて、足《あし》あとや かみの毛《け》などを 見《み》つけます。はんにんを つかまえる しょうこに なるものを ちゅういぶかく さがします。

はけ
のこされた しもんを とるための こなを はたく。
ヘアキャップ
くつカバー

かがくそうさけんきゅうじょ

科学捜査研究所

じけんの げんばから あつめたものを、くわしく しらべます。きかいや 薬《くすり》を つかって、かみの毛《け》や 血《ち》、電話《でんわ》の 声《こえ》や 書《か》かれた 字《じ》などから しょうこを 見《み》つけます。

おうちのかたへ

刑事と鑑識官は、警察署の刑事課に所属しています。刑事は、盗難や傷害、殺人など、事件の種類に分かれて担当します。刑事になるには、まず各都道府県の警察官採用試験を受けます。合格後、警察学校で研修を受け、各警察署で交番勤務に始まるさまざまな経験を積んで、刑事課への異動が決まります。鑑識官は、刑事として経験を積んでからなるほか、専門職の採用試験を受ける方法もあります。科学捜査研究所の研究員になるには、各警察本部の研究員採用試験に合格することが必要です。

しょうぼうかん
消防官

火事《かじ》が おきたら、消防車《しょうぼうしゃ》に のって かけつけて、火《ひ》を 消《け》し、にげおくれた 人《ひと》を たすけます。じしんや どしゃくずれなど、さいがいが おきたときも すぐに 行《い》って、ひがいに あった 人《ひと》を たすけます。

出動《しゅつどう》する
火事《かじ》の れんらくを うけたら すぐに きがえて でかける。
ぼう火《か》ぐつ

消火《しょうか》する
力《ちから》を あわせて 火《ひ》を 消《け》す。
救出《きゅうしゅつ》する
火《ひ》の なかや 高《たか》いところに いて にげられなかった 人《ひと》を たすける。
しころ
火《ひ》や ねつから 首《くび》を まもる。
ぼう火《か》ヘルメット
はしご車《しゃ》
空気《くうき》ボンベ
けむりの なかで いきが できるように 空気《くうき》が 入《はい》っている。
ぼう火《か》ふく
面体《めんたい》
空気《くうき》ボンベの 空気《くうき》を すうための マスク。

消火《しょうか》いがいの しごと

くんれん

火事《かじ》の ときは、おもい ものを 身《み》に つけて はたらくため、毎日《まいにち》 きびしい くんれんを する。

からだを きたえて 体力《たいりょく》を つける。

すぐ うごけるように くんれんする。

よぼうかつどう

ちいきや 学校《がっこう》の ぼうさいくんれんに さんかして、火《ひ》の 消《け》しかたや にげるときに ちゅういすることなどを 教《おし》える。

消火器《しょうかき》

きゅうきゅうたいいん
救急隊員

けがを した 人《ひと》や ぐあいが わるくなった 人《ひと》を 病院《びょういん》に はこびます。病院《びょういん》に つくまでの あいだ、かんじゃの ようすを 見《み》て 人工《じんこう》こきゅうなどの 手当《てあ》ても おこないます。

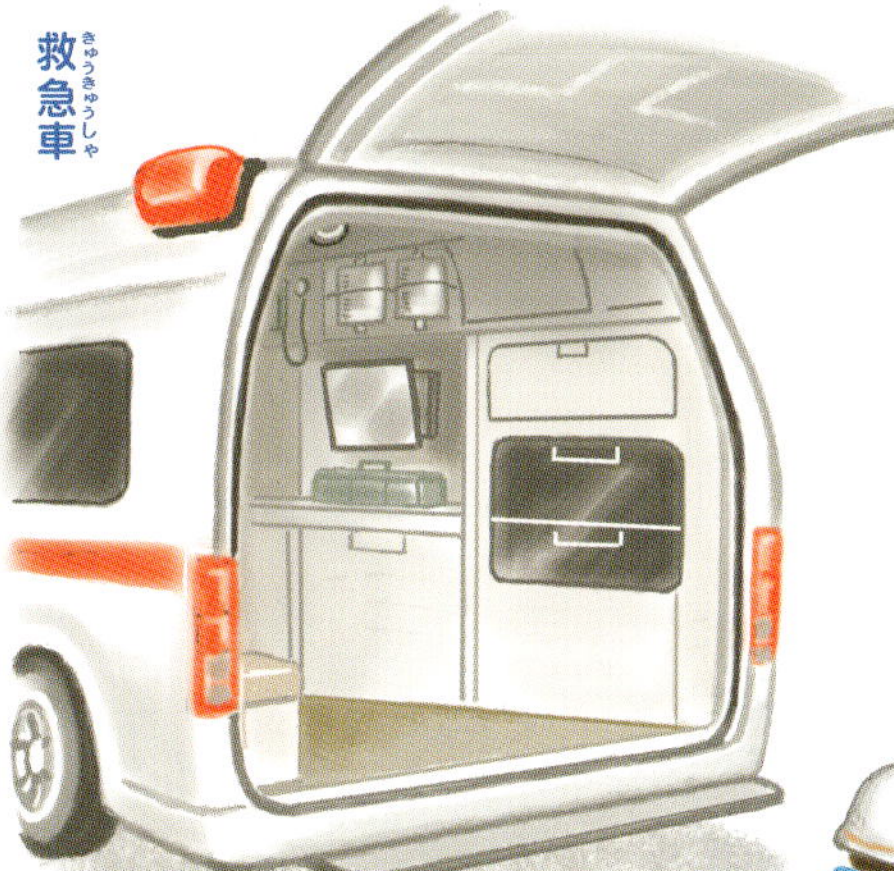
救急車《きゅうきゅうしゃ》

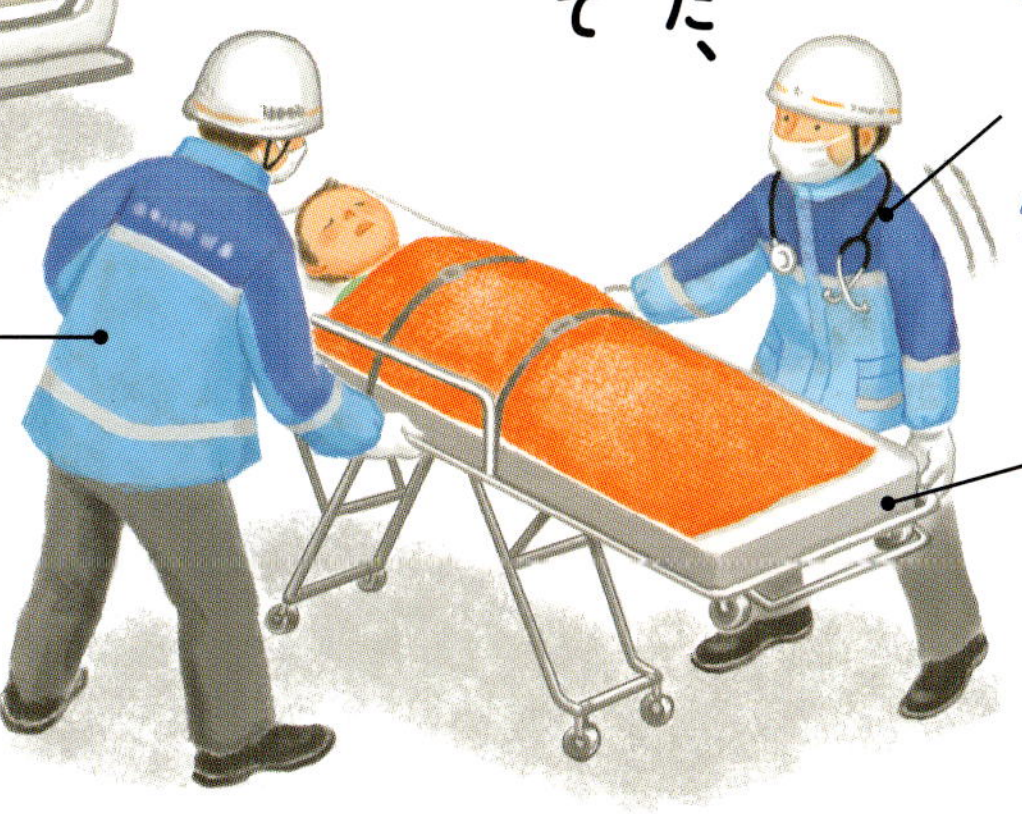
ちょうしんき

ストレッチャー かんじゃを のせて 救急車《きゅうきゅうしゃ》に 入《い》れる。

かんせんぼうしふく かんじゃの 病気《びょうき》が うつらないように する ふくを きる。

おうちのかたへ

消防署には、火災の現場に急行して消火、救助にあたるポンプ隊、高層ビルの火災などに出動するはしご隊、現場で救急活動を行う救急隊、指示を出す指揮隊と、さまざまな役割の消防官がいます。消防車の運転も、専門の消防官が行います。消防官になるには、各自治体の消防官の採用試験を受けます。合格すると、消防学校で研修を受け、各消防署に配属されます。救急隊員は、消防官として採用され、その後、一定の研修を受けるとなることができます。

とくべつきゅうじょたいいん
特別救助隊員

人《ひと》の 命《いのち》を すくう くんれんを うけた 消防官《しょうぼうかん》で、レスキュー隊員《たいいん》とも よばれます。火事《かじ》や こうつうじこ、じしんなどが おきた 場所《ばしょ》に 行《い》って、人《ひと》びとを たすけます。とおくからでも よく 見《み》えるように、めだつ オレンジ色《いろ》の ふくを きています。

ゴーグル

ひじあて

ひざあて

ロープ 高《たか》いところに のぼったり、人《ひと》を つりあげたりする。

シットハーネス ロープを つなぐ きぐ。

あみあげぐつ 足《あし》を まもる。

きゅうきゅうきゅうめいし
救急救命士

命《いのち》の きけんが ある 人《ひと》の もとに かけつけて むせんなどで 医師《いし》の しじを うけながら、すばやく 手当《てあ》てを して 病院《びょういん》に はこびます。

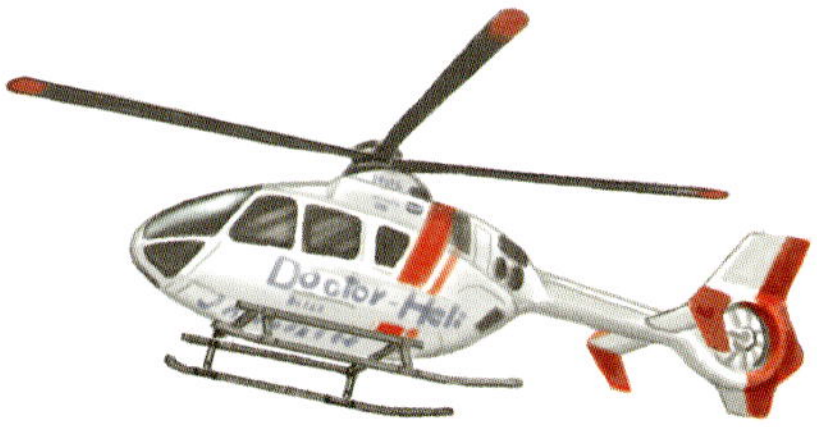

救急《きゅうきゅう》ヘリコプター 近《ちか》くに 病院《びょういん》の ないところから、病人《びょうにん》や けが人《にん》を はこぶ。

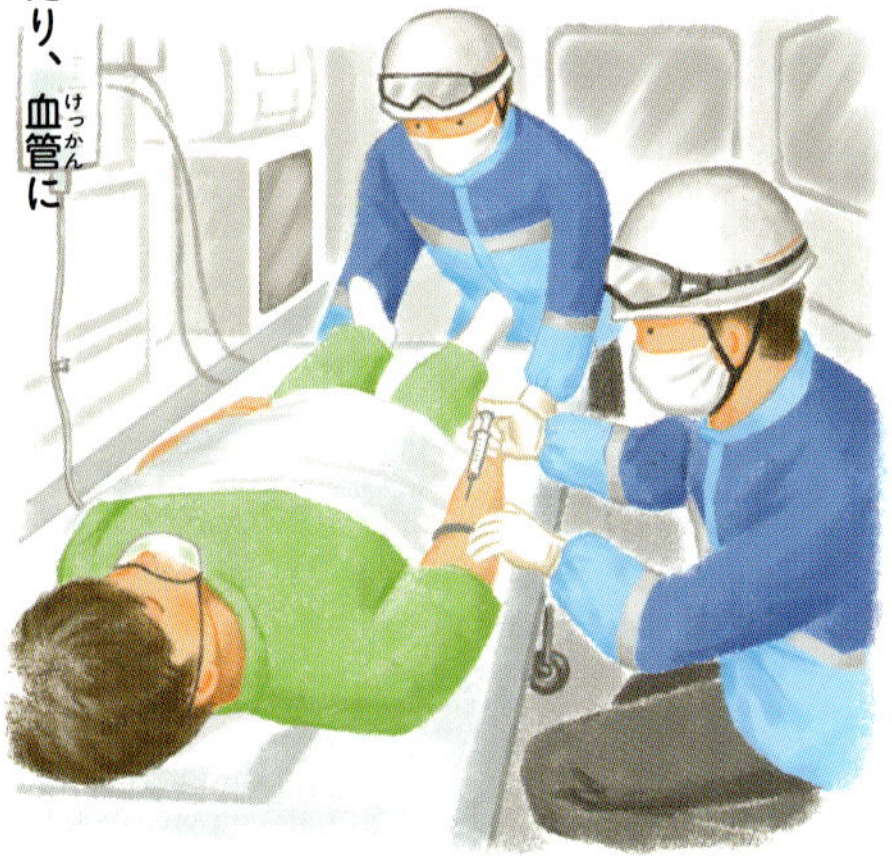

救急《きゅうきゅう》かつどう 口《くち》や 鼻《はな》に チューブを 入《い》れたり、血管《けっかん》に はりを さすなど、救急隊員《きゅうきゅうたいいん》には できない 手当《てあ》ても できる。

救急車《きゅうきゅうしゃ》

じえいかん
自衛官

自衛隊《じえいたい》の 隊員《たいいん》として、日本《にほん》の
平和《へいわ》と あんぜんを まもります。
自衛隊《じえいたい》には
陸上《りくじょう》、海上《かいじょう》、航空《こうくう》の
3つの しゅるいが あります。
国内《こくない》だけでなく 外国《がいこく》に 行《い》って
しごとを することも あります。

台風《たいふう》や じしんなどの
さいがいに
まきこまれた 人《ひと》を
たすける。

さいがいが おきた 場所《ばしょ》に
水《みず》や 食《た》べものを とどけ、
たきだしも する。

かいじょうほあんかん
海上保安官

海上保安庁《かいじょうほあんちょう》の 職員《しょくいん》として
日本《にほん》の 海《うみ》の あんぜんを
まもります。
海《うみ》で じこが おこったときには
船《ふね》や 人《ひと》を たすけ、
海《うみ》で おこる はんざいを
とりしまります。

人命救助《じんめいきゅうじょ》
じこに あった 人《ひと》を たすける。
ヘリコプターを つかったり、
海《うみ》に もぐることも ある。

パトロール
じこや はんざいを
ふせぐために 船《ふね》に
のって 海《うみ》を 見《み》まわる。

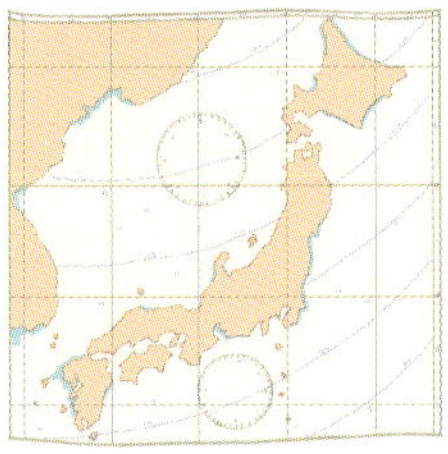

海図《かいず》
海《うみ》の ふかさや
しおの ながれが
わかる
海《うみ》の 地図《ちず》。

おうちのかたへ

特別救助隊員は、まず消防官になり、厳しい選抜試験に合格し、訓練を受けて入隊します。火災現場以外に、海難救助や山岳救助なども行います。救急救命士は、国家資格を取得する必要があります。救急車が出動する際には、救急救命士が最低1名は乗車し、気道確保や静脈路確保、薬剤投与など、医師の指示を受けて医療行為を行います。自衛官には、医科・歯科、航空機の技術者などの専門職もいます。海上保安庁は国土交通省の外局で、海洋調査、環境保全なども行っています。

べんごし
弁護士

あらそいごとや じけんで こまっている 人《ひと》を、ほうりつの ちしきを つかって、たすけます。
あらそいごとの そうだんを うけたら、その人《ひと》の かわりに あいてと 話《はなし》を したり 裁判《さいばん》を おこしたりします。
はんにんと うたがわれた 人《ひと》のためには よく しらべて 裁判《さいばん》で その人《ひと》の 立場《たちば》に たって せつめいします。

バッジ
弁護士《べんごし》だと しめすもの。ひまわりの 花《はな》の かたち。

まん中《なか》に てんびんの もよう。

六法全書《ろっぽうぜんしょ》
憲法《けんぽう》など、おもな ほうりつが のっている 本《ほん》。

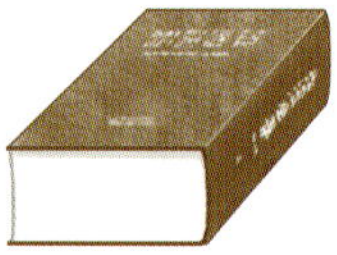

あらそいごとを かいけつする
そうだんに きた 人《ひと》の 話《はなし》を よく 聞《き》いて、裁判《さいばん》を するか 話《はな》しあって かいけつするかを きめる。

裁判《さいばん》で せつめいする
はんざいの うたがいの ある 人《ひと》の 話《はなし》を よく 聞《き》いて、裁判《さいばん》で その人《ひと》を たすける しょうこを しめして いいぶんを せつめいする。

裁判《さいばん》に かんけいする ことば

きそ（起訴）
検察官《けんさつかん》が、裁判所《さいばんしょ》に 裁判《さいばん》を するように うったえること。

げんこく（原告）
あらそいごとを かいけつするために 裁判《さいばん》を おこした 人《ひと》。

りっしょう（立証）
しょうこを しめして 本当《ほんとう》の ことを はっきり させること。

ひこくにん（被告人）
はんざいの うたがいが あると されて 裁判《さいばん》に かけられる 人《ひと》。

ひこく（被告）
あらそいごとで 裁判《さいばん》に うったえられた 人《ひと》や 会社《かいしゃ》。

はんけつ（判決）
あらそいごとの かいけつほうほうや はんざいへの ばつ。裁判官《さいばんかん》が きめる。

けんさつかん
検察官

はんにんと うたがわれた 人《ひと》が 本当《ほんとう》に はんにんなのか、警察《けいさつ》と きょうりょくして しらべ 裁判《さいばん》を するか きめます。裁判《さいばん》では、そのはんざいに ふさわしい ばつを あたえるよう、うったえます。

バッジ
検察官《けんさつかん》だと しめすもの。きくの 花《はな》の かたち。

裁判《さいばん》で じけんを かいけつする

うたがいの ある 人《ひと》を とりしらべ しょうこを かくにんする。
裁判《さいばん》では、弁護士《べんごし》と いけんを たたかわせながら 正《ただ》しく ばつを あたえるよう うったえる。

さいばんかん
裁判官

裁判《さいばん》を おこした 人《ひと》や うったえられた 人《ひと》、弁護士《べんごし》、検察官《けんさつかん》の いいぶんを 聞《き》き、ほうりつに したがって どうするのが 正《ただ》しいか 考《かんが》えます。裁判《さいばん》の さいごに、あらそいごとの かいけつほうほうを しめしたり じけんの はんにんと そのばつを きめたりします。

法服《ほうふく》
裁判《さいばん》を する 場所《ばしょ》（法廷《ほうてい》）で 身《み》に つける。

バッジ
裁判所《さいばんしょ》で はたらく 人《ひと》だと しめすもの。

かていさいばんしょちょうさかん
家庭裁判所調査官

家庭裁判所《かていさいばんしょ》は、家族《かぞく》の あらそいごとや 20さいより したの 人《ひと》の はんざいを あつかいます。家庭裁判所調査官《かていさいばんしょちょうさかん》は、裁判《さいばん》を おこした 人《ひと》の まわりや、はんざいに かかわった 人《ひと》の 家庭《かてい》や 学校《がっこう》の ようすを しらべ 裁判官《さいばんかん》に つたえます。

おうちの かたへ

弁護士、検察官、裁判官になるためには、大学を卒業し、法科大学院を修了するか司法試験の予備試験に合格してから、司法試験を受験します。合格後は、司法修習生として仕事の基礎を学び、司法修習生考試（最終試験）に合格した後、弁護士、検察官、裁判官のどれかを選びます。家庭裁判所調査官になるには、裁判所職員採用試験に合格して、研修を受けます。家庭裁判所の審判、調停は、家族の感情的対立やプライバシーに配慮して円満な解決に導くため、非公開です。

じけんや あらそいごとを
かいけつするために
裁判所《さいばんしょ》で 裁判《さいばん》を します。
はんざいの
ばつを きめる
刑事裁判《けいじさいばん》と、
あらそいごとを
かいけつする
民事裁判《みんじさいばん》が あります。

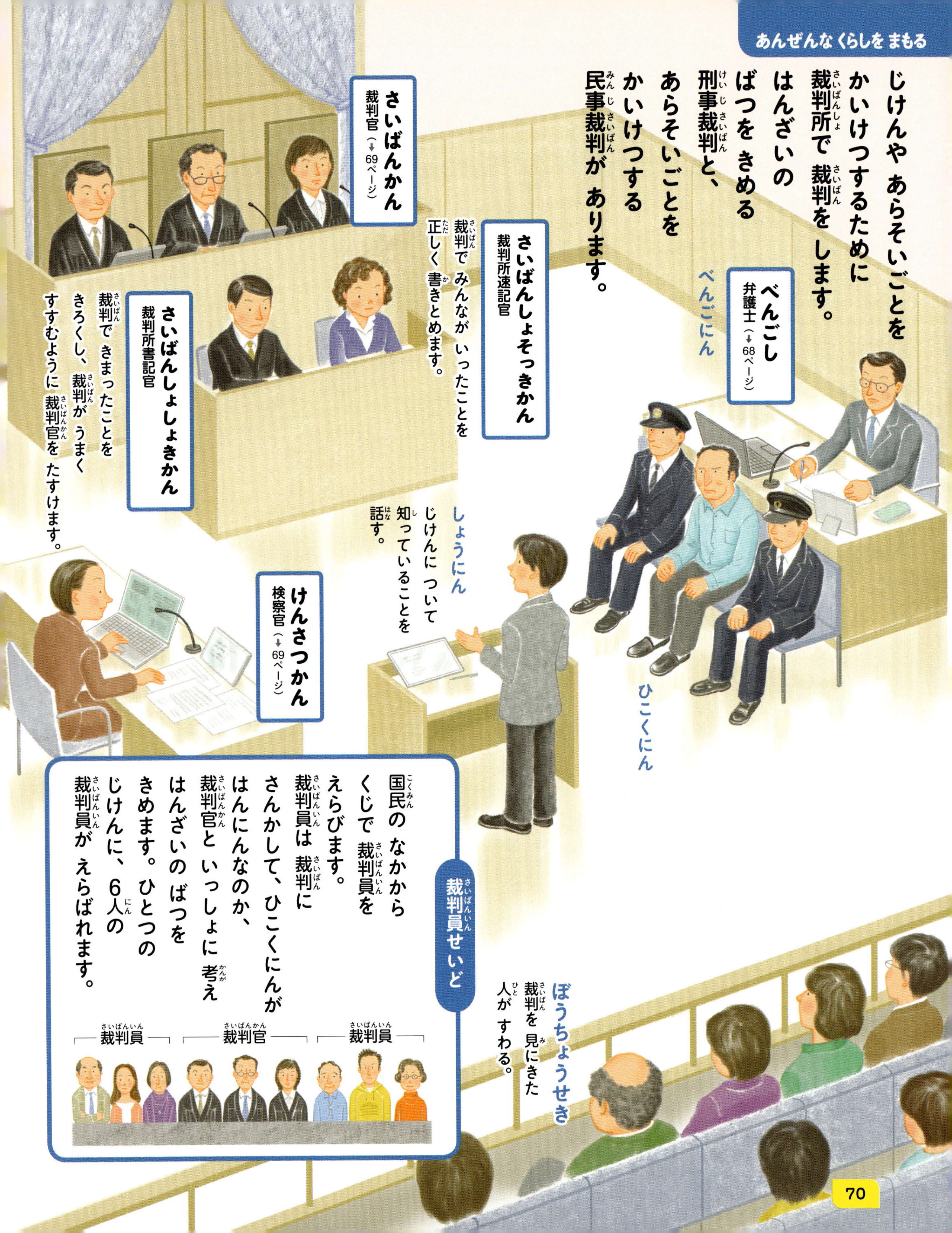

さいばんかん
裁判官（↓69ページ）

さいばんしょそっきかん
裁判所速記官
裁判《さいばん》で みんなが いったことを
正《ただ》しく 書《か》きとめます。

さいばんしょしょきかん
裁判所書記官
裁判《さいばん》で きまったことを
きろくし、裁判《さいばん》が うまく
すすむように 裁判官《さいばんかん》を たすけます。

べんごし
弁護士（↓68ページ）

べんごにん

しょうにん
じけんに ついて
知《し》っていることを
話《はな》す。

けんさつかん
検察官（↓69ページ）

ひこくにん

裁判員《さいばんいん》せいど

国民《こくみん》の なかから
くじで 裁判員《さいばんいん》を
えらびます。
裁判員《さいばんいん》は 裁判《さいばん》に
さんかして、ひこくにんが
はんにんなのか、
裁判官《さいばんかん》と いっしょに 考《かんが》え
はんざいの ばつを
きめます。ひとつの
じけんに、6人《にん》の
裁判員《さいばんいん》が えらばれます。

裁判員《さいばんいん》　裁判官《さいばんかん》　裁判員《さいばんいん》

ぼうちょうせき
裁判《さいばん》を 見《み》にきた
人《ひと》が すわる。

しほうしょし
司法書士

土地《とち》を 買《か》う 人《ひと》や、 会社《かいしゃ》を
つくる 人《ひと》が、 役所《やくしょ》に だす
しょるいを その人《ひと》に
かわって つくります。
また、 裁判《さいばん》を おこしたい 人《ひと》が
裁判所《さいばんしょ》に だす
しょるいも つくります。

ぎょうせいしょし
行政書士

家《いえ》を たてる 人《ひと》や、 親《おや》などから
ざいさんを もらう 人《ひと》が
役所《やくしょ》に だす しょるいを
その人《ひと》に かわって
つくります。
店《みせ》を ひらく 人《ひと》のための
しょるいも つくります。

こうにんかいけいし
公認会計士

会社《かいしゃ》が うけとった お金《かね》や、
はらった お金《かね》の きろくに
まちがいが ないかを
しらべます。
会社《かいしゃ》が お金《かね》を うまく
つかうための そうだんにも
のります。

ぜいりし
税理士

税金《ぜいきん》を はらう 人《ひと》や
会社《かいしゃ》の そうだんに
のります。
税金《ぜいきん》を 計算《けいさん》して
役所《やくしょ》に だす
しょるいも
つくります。

おうちのかたへ

裁判所には、家庭裁判所、簡易裁判所、地方裁判所、高等裁判所、最高裁判所の5種類があります。ここでは刑事裁判をとりあげていますが、刑事裁判では弁護士は弁護人と呼ばれます。司法書士は法務局や裁判所への提出書類作成のほか、一部の民事訴訟の代行も行います。行政書士は権利義務、事実証明、営業許可など官公庁への提出書類作成のほか一部手続きの代行も行います。司法書士、公認会計士、行政書士、税理士になるには、それぞれの試験で国家資格を取得します。

いし
医師

かんじゃの 病気《びょうき》や けがを しらべて なおします。また、よりよい ちりょうや よぼうの ほうほうの けんきゅうも しています。子《こ》どもの 病気《びょうき》を なおす 医師《いし》や、骨《ほね》を ちりょうする 医師《いし》など、病気《びょうき》、けがの しゅるいにより 専門《せんもん》の 医師《いし》が います。

しんさつ・けんさ

かんじゃの 話《はなし》を 聞《き》き、ようすを よく みて、ひつようが あれば けんさを する。

しんだん

しんさつや けんさの けっかを もとに、どんな病気《びょうき》や けがなのかを つきとめる。

ちりょう

かんじゃに なおしかたを せつめいして、薬《くすり》を きめたり しゅじゅつを したりする。

ちょうしんき

はくい

カルテ

かんじゃ ひとりひとりの しんさつ、けんさ、しんだん、ちりょうの きろく。

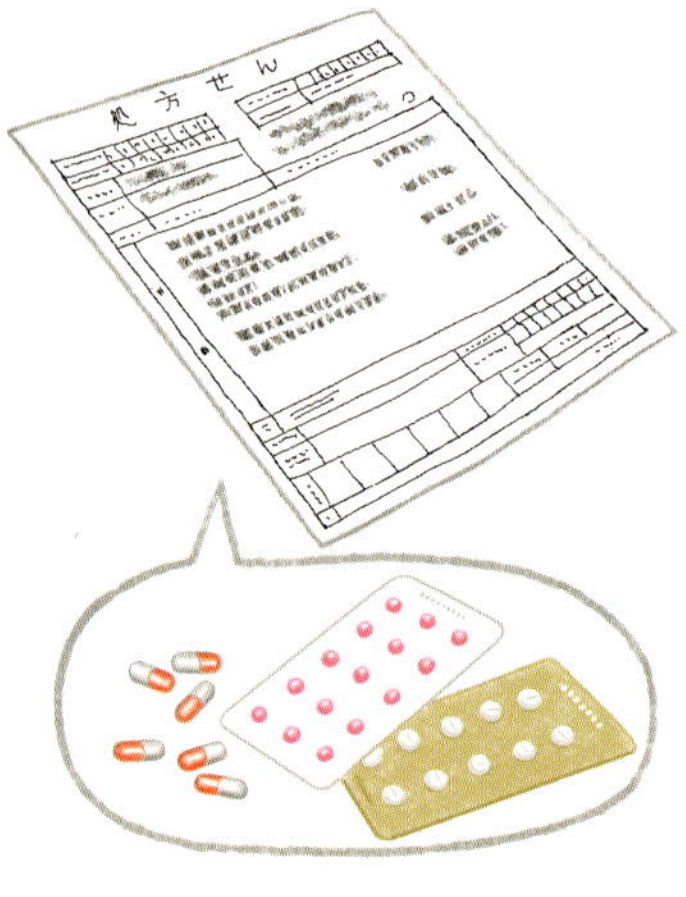

しょほうせん

かんじゃの けがや 病気《びょうき》に あわせて、医師《いし》が 薬《くすり》の しゅるい、りょう、つかいかたを しめしたもの。

かんごし 看護師

しんさつや ちりょうが うまく すすむように かんじゃと 医師《いし》の あいだに たって 気《き》を くばり、医師《いし》を たすけ、かんじゃの 手《て》当《あ》てや せわを します。ちゅうしゃや けんさも します。

しんさつや ちりょうの 手《て》だすけ

医師《いし》が しごとを しやすいように、手《て》だすけしたり かんじゃの ようすを つたえたりする。

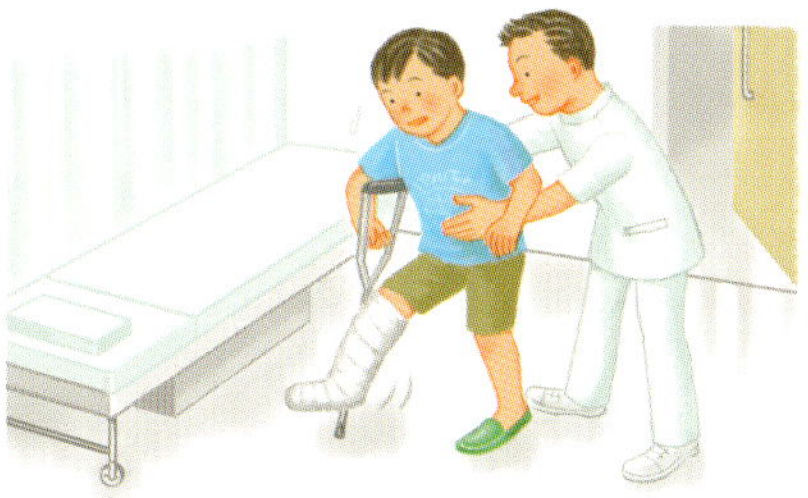

かんじゃの せわ

かんじゃの ぐあいを よく みる。入院《にゅういん》している かんじゃの トイレや 食事《しょくじ》の せわを する。ふろに 入《はい》れない かんじゃの からだを ふく。 夜中《よなか》も こうたいで 見《み》まもる。

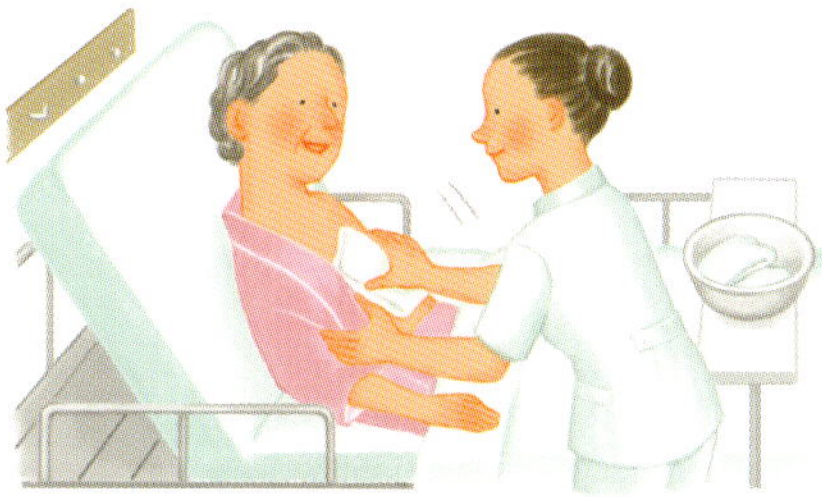

かんごきろく
かんじゃの ようすを、きろくする。
ナースふく

ナースコール

かんじゃが、看護師《かんごし》に 用《よう》が あるときに、ボタンを おして 看護師《かんごし》と 話《はなし》を する。

おうちの かたへ

医師になるには、大学の医学部を卒業後、国家試験を受けて医師免許を取得します。医師を続けるには、病院のスタッフをまとめる統率力、患者とその家族に十分な説明をする表現力や思いやりも重要です。訪問診療を専門に行う医師もいます。看護師資格には、正看護師と准看護師があります。高校、大学や専門学校でそれぞれの養成課程を修了した後、正看護師は国家試験、准看護師は各都道府県の試験を受けます。看護師は、病院、福祉施設のほか、レジャー施設や企業でも活躍しています。

せんもんの いし
専門の 医師

病院《びょういん》には さまざまな 科《か》が あり、それぞれ 専門《せんもん》の 医師《いし》が います。

ないか
内科

おもに 薬《くすり》を つかって からだの なかの 病気《びょうき》を ちりょうする。

しょうにか
小児科

赤《あか》ちゃんから 15さいくらいまでの 子《こ》どもの 病気《びょうき》を ちりょうする。子《こ》どもには、おとなと ちがう 病気《びょうき》が あるので ちりょうの しかたを くふうする。

せいしんか
精神科

おもに 心《こころ》の ぐあいが よくない 人《ひと》を ちりょうする。かんじゃの 話《はなし》を 聞《き》き、薬《くすり》を つかったり、おなじような 人《ひと》と グループで 話《はな》しあったり する。

さんふじんか
産婦人科

赤《あか》ちゃんを うむ お母《かあ》さんの けんこうを まもり、出産《しゅっさん》を たすける。女《おんな》の 人《ひと》だけが なる 病気《びょうき》を ちりょうする。

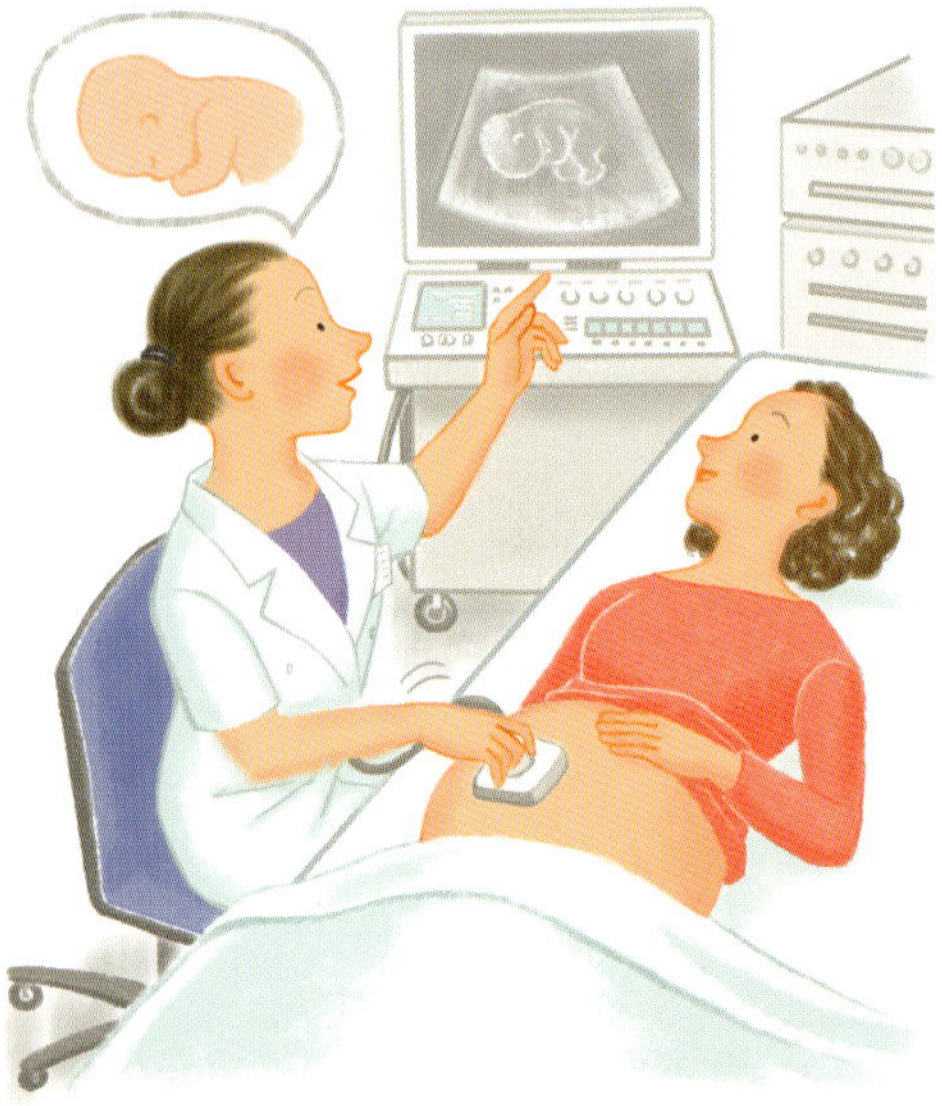

げか
外科

しゅじゅつで、ぐあいの
わるいところを 切《き》ったり
つないだり
とりだしたりして、
けがや 病気《びょうき》を ちりょうする。

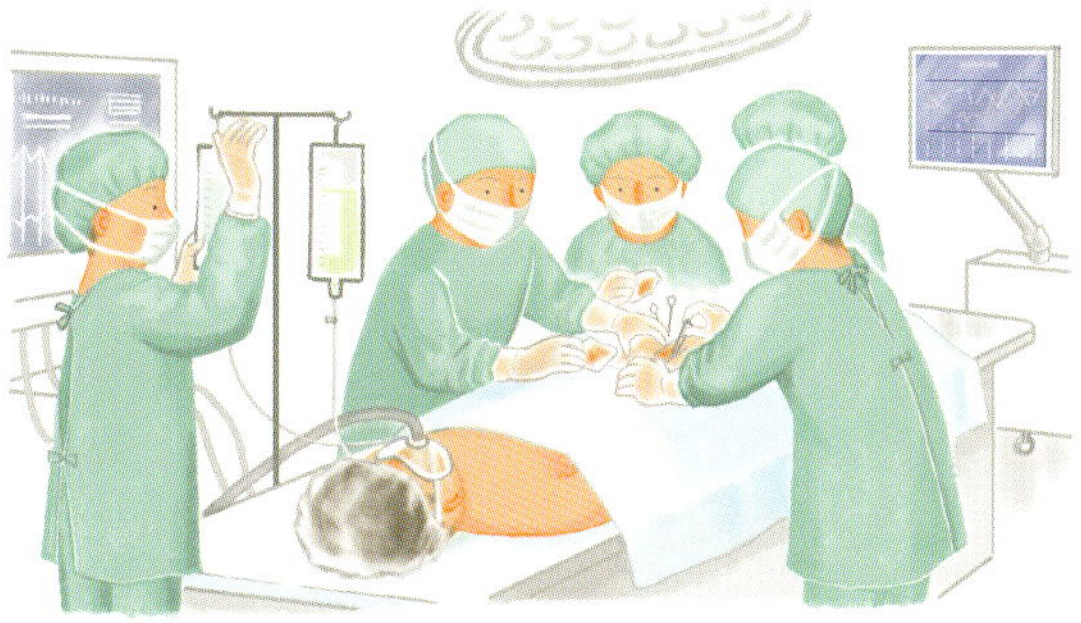

せいけいげか
整形外科

骨《ほね》や 筋肉《きんにく》、関節《かんせつ》など
からだを うごかすことに
かかわるところの 病気《びょうき》や けがを
ちりょうする。

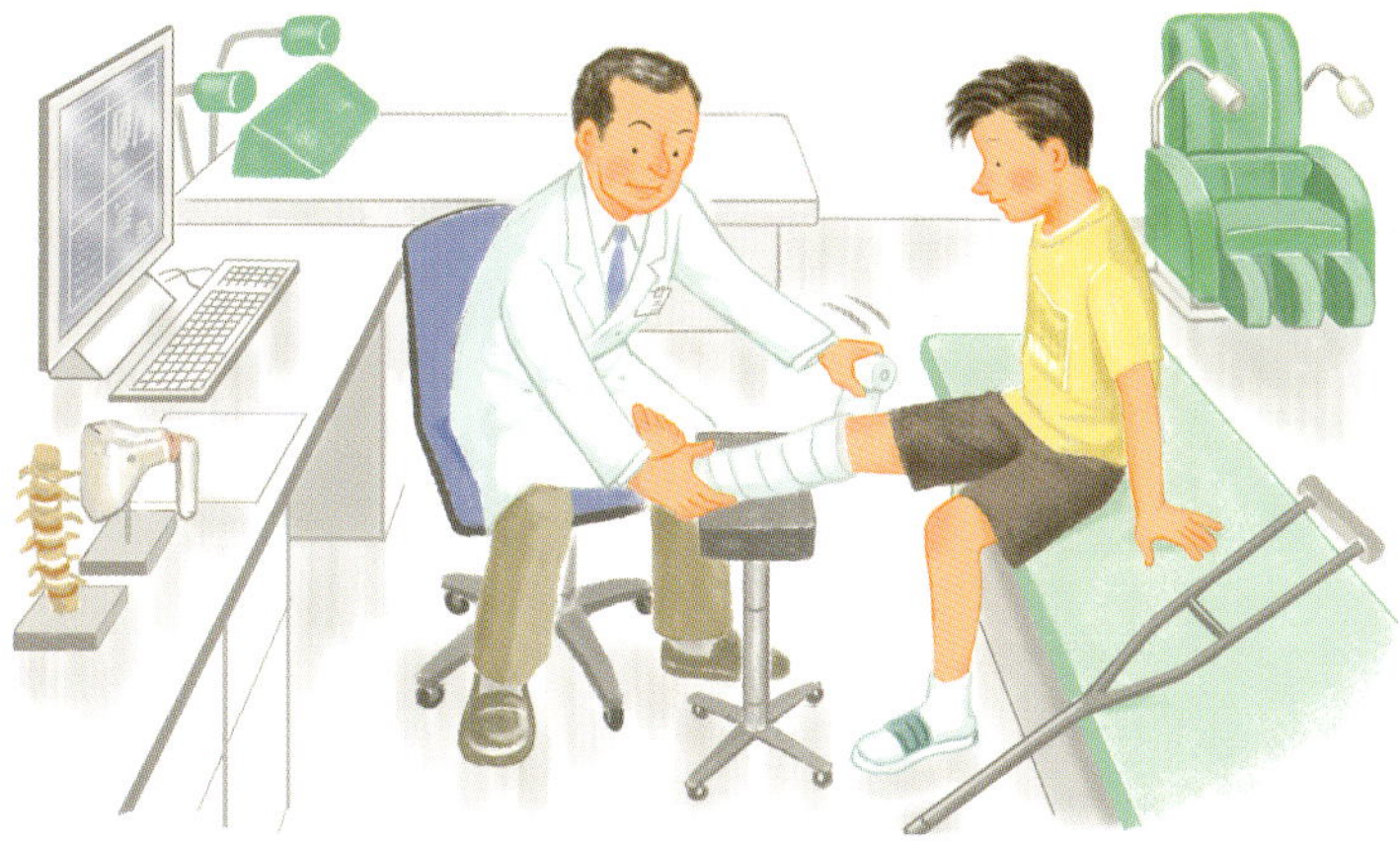

じびいんこうか
耳鼻咽喉科

耳《みみ》や 鼻《はな》、口《くち》、
のどの 病気《びょうき》を
ちりょうする。

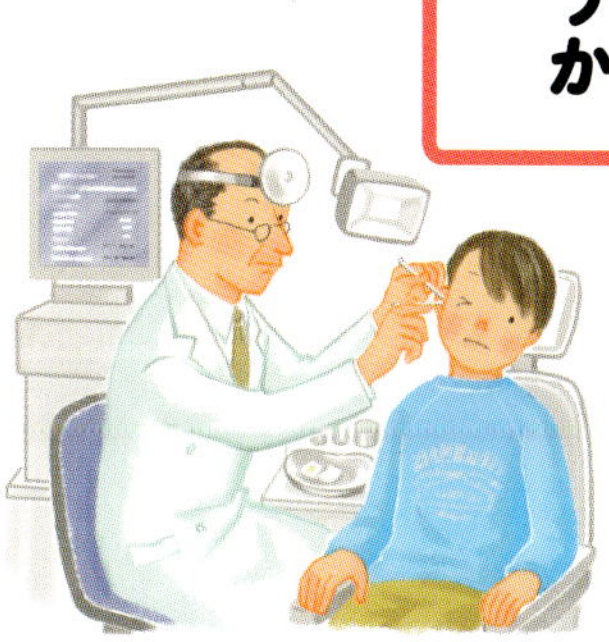

ひふか
皮膚科

はだや、かみの毛《け》、
つめなどの
病気《びょうき》や けがを
ちりょうする。

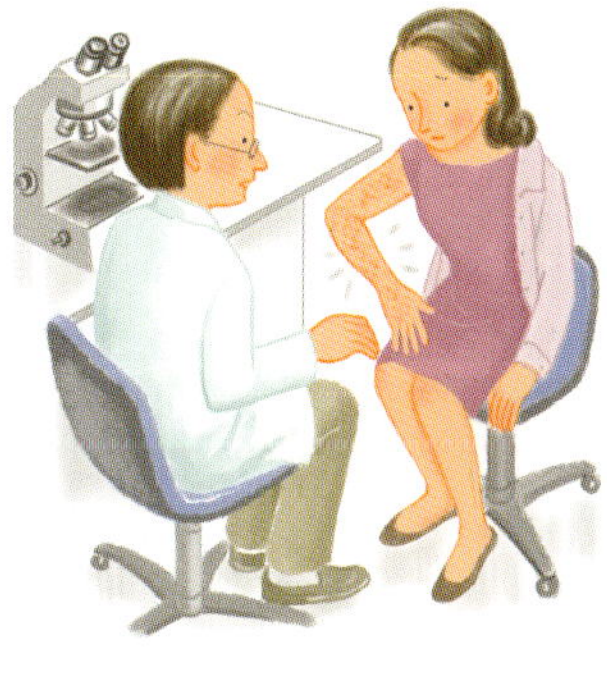

がんか
眼科

目《め》の 病気《びょうき》や
けがを
ちりょうする。

おうちのかたへ

内科や外科は、扱う器官によってさらに専門の科に分かれます。内科には、循環器科、呼吸器科、消化器科、内分泌科、神経内科、血管内科、腫瘍内科などがあり、幅広い領域を扱っています。外科には脳神経外科、消化器外科、心臓血管外科、形成外科、乳腺外科などがあります。ほかに、泌尿器科、放射線科、アレルギー科などもあり、頭痛外来、禁煙外来、思春期外来、物忘れ外来などの専門外来を設けている病院もあります。各専門の医師が協力して治療にあたることもあります。

しかいし
歯科医師

虫歯《むしば》など 歯《は》や 口《くち》の なかの 病気《びょうき》を
ちりょうします。また 歯《は》ならびを
よくするために きょうせいを します。
口《くち》の なかに わるいところが ないか、
けんしんを おこない 病気《びょうき》を よぼうします。

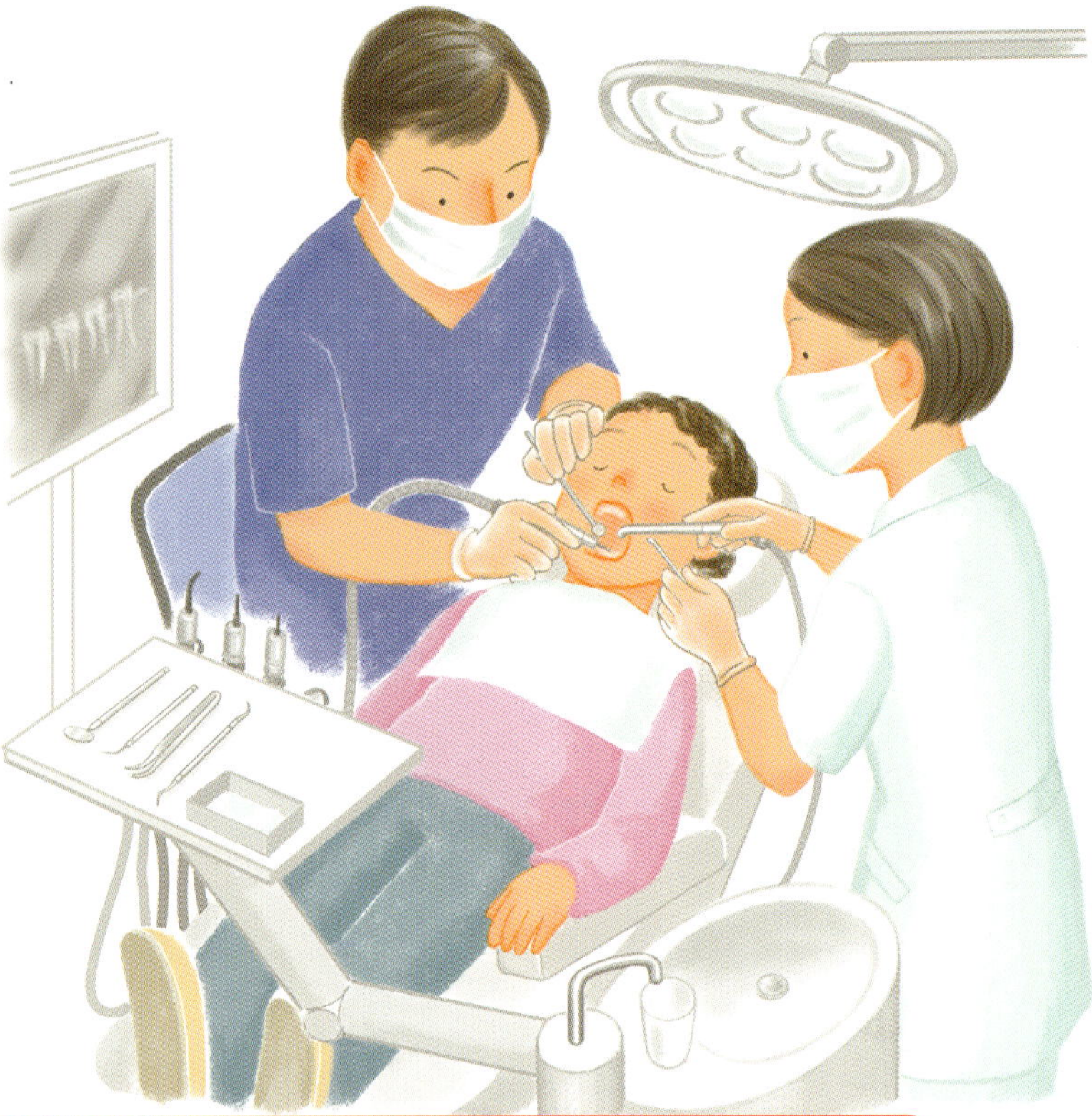

しかえいせいし
歯科衛生士

歯科医師《しかいし》が つかう 道具《どうぐ》の
じゅんびを して
ちりょうを
手《て》つだいます。
病気《びょうき》を ふせぐために
歯《は》や 口《くち》の なかの
よごれを きれいに します。

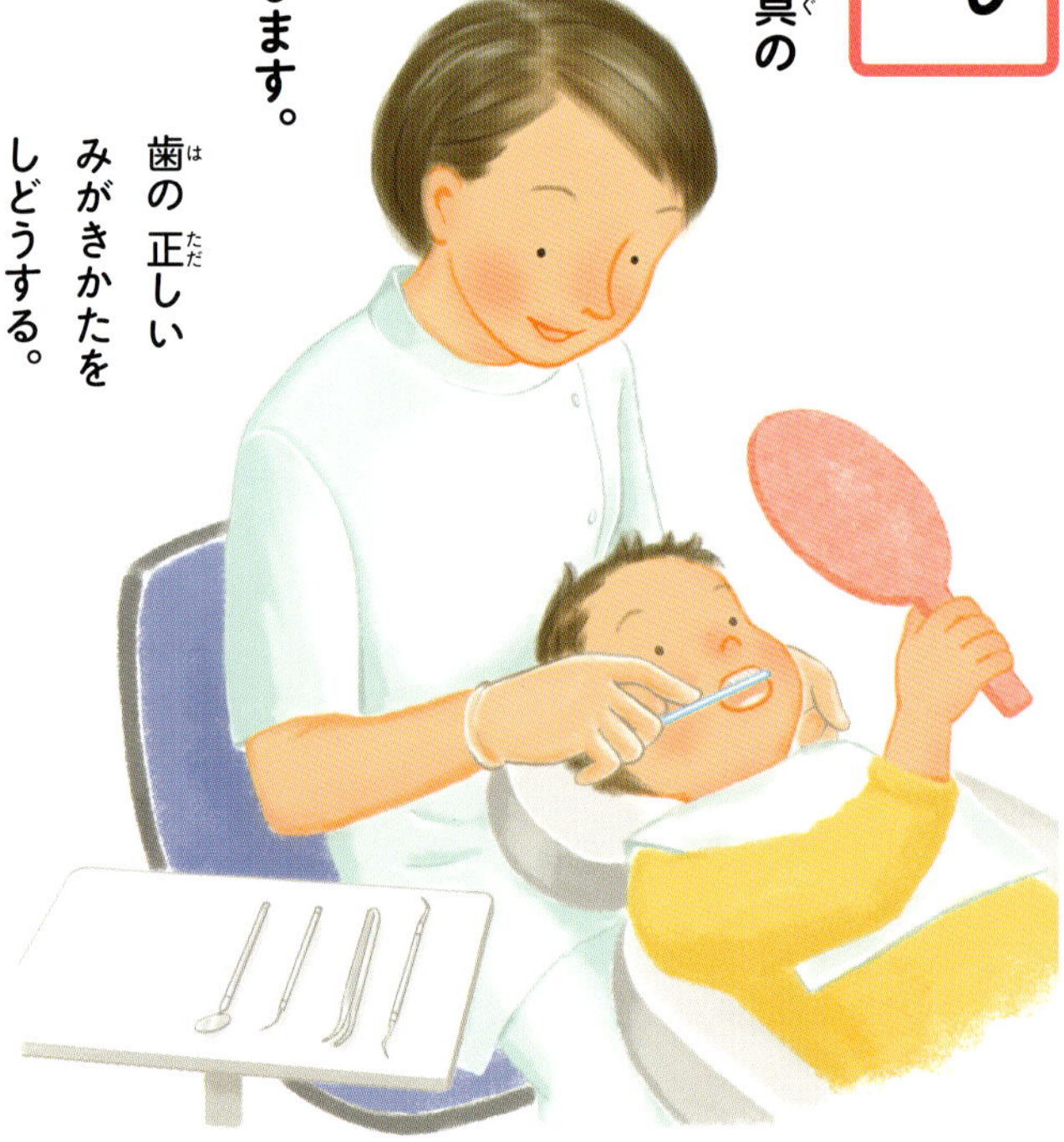

歯《は》の 正《ただ》しい
みがきかたを
しどうする。

しかぎこうし
歯科技工士

歯《は》を けずったり
ぬいたりした あとに
つめるものや
きょうせいで つかう
きぐなどを つくります。
ひとりひとりの 歯《は》の
かたちに ぴったり
あわせて
つくります。

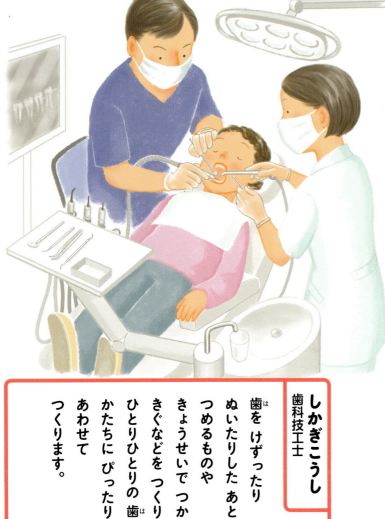

やくざいし

薬剤師

薬《くすり》の しゅるいや りょうを しめした「しょほうせん」に したがって 薬《くすり》を よういし、かんじゃに わたします。薬《くすり》を わたすときには、正《ただ》しい のみかたや つかいかたを せつめいします。

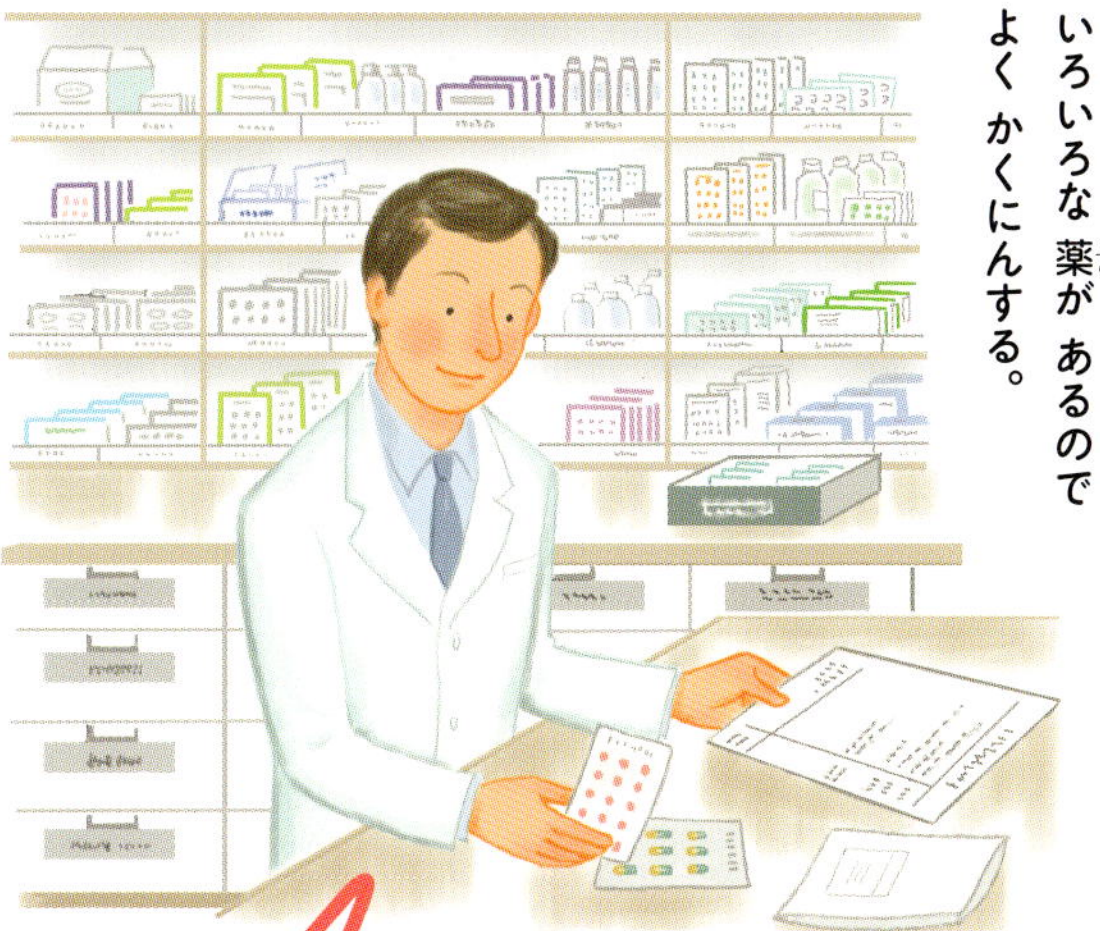

いろいろな 薬《くすり》が あるので
よく かくにんする。

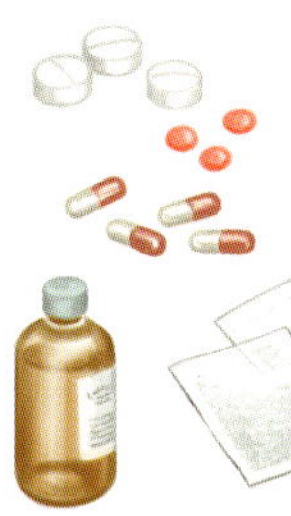

ないふくやく
のむ 薬《くすり》。

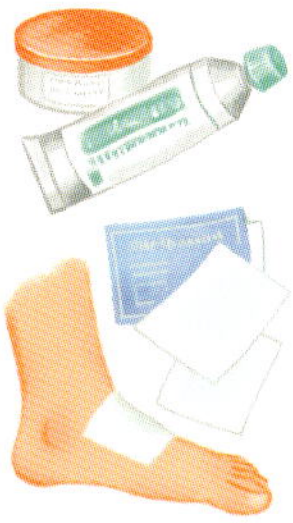

がいようやく
ぬったり はったりして、口《くち》いがいの ところから とりいれる 薬《くすり》。

じょさんし

助産師

お母《かあ》さんが 赤《あか》ちゃんを うむときに 手《て》だすけを します。うむ じゅんびのための いろいろな そうだんに のり、うまれた 赤《あか》ちゃんの せわや けんこうしんだんを します。

赤《あか》ちゃんの ふろの 入《い》れかた、
食事《しょくじ》の させかたを 教《おし》える。

おうちの かたへ

歯科には、一般的な歯科のほか、小児歯科、矯正歯科、口腔外科などの診療科目があります。歯科医師になるには、大学の歯学部や歯科大学を卒業後、歯科医師免許を取得し臨床研修を受けます。歯科衛生士、歯科技工士は、専門の学校を卒業後、国家資格を取得します。

薬剤師になるには、大学の薬学部や薬科大学を卒業し国家資格を取得します。病院や薬局のほか、製薬会社や保健所でも活躍しています。助産師になるには、看護師の国家資格も必要で、日本では男性は助産師の資格を取れません。

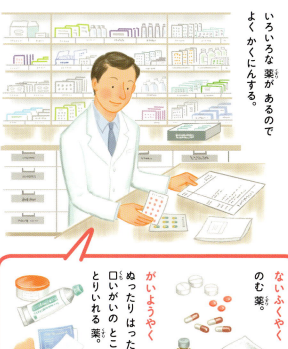

りんしょうけんさぎし

臨床検査技師

かんじゃの 血《ち》や おしっこの なかの ものや 心《しん》ぞうや のうの はたらきなどを しらべて 医師《いし》の ちりょうの 手《て》だすけを します。正《ただ》しく けんさを して けっかを つたえます。

いろいろな けんさ

けつえきけんさ
血《ち》を しらべて、からだの なかの ようすを 知《し》る。

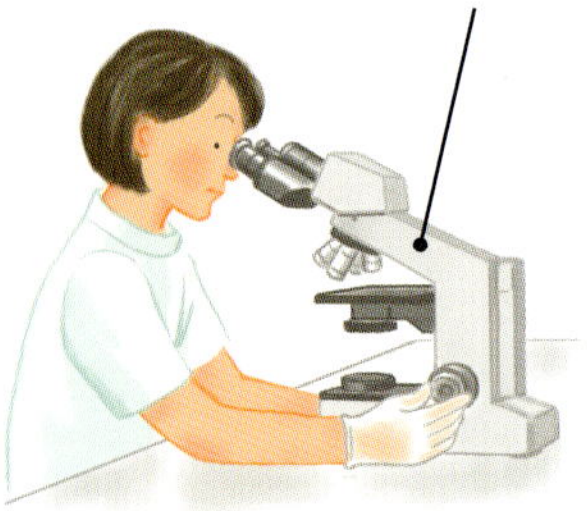

けんびきょう
目《め》に 見《み》えない 小《ちい》さなものを しらべる。

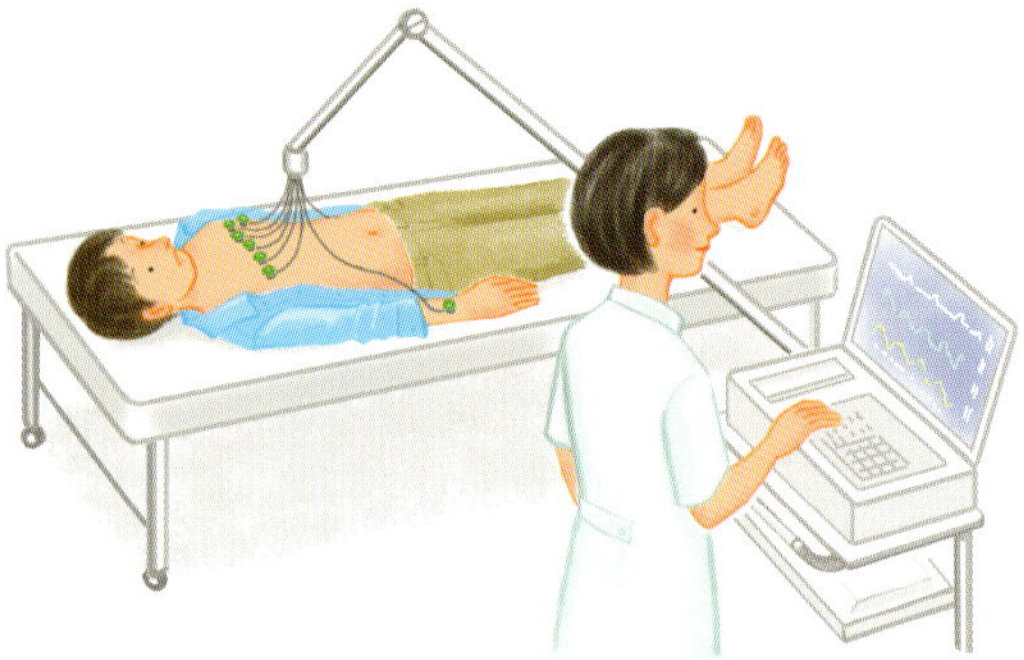

心電図《しんでんず》けんさ
心《しん》ぞうの うごきを きろくし、病気《げんき》かどうか しらべる。

りがくりょうほうし

理学療法士

年《とし》を とったり、病気《びょうき》や けがで からだを うまく うごかせなくなった 人《ひと》が、また うごかせるように なるために 手《て》だすけします。どのような ちりょうや くんれんを するかを きめて、くんれん中《ちゅう》には けがの ないように ちゅういします。

さぎょうりょうほうし

作業療法士

しょうがいの ある 人《ひと》が、自分《じぶん》の 力《ちから》で 生活《せいかつ》できるように 手《て》だすけします。トイレに 行《い》く、ふくを きる、ふろに 入《はい》る、食事《しょくじ》を するなど、毎日《まいにち》 することを できるように いろいろな さぎょうを 練習《れんしゅう》します。

手芸《しゅげい》や ゲームなどを して、うごきの 練習《れんしゅう》を することも ある。

かんりえいようし

管理栄養士

みんなが けんこうに すごせるように、こんだてを つくり、食事《しょくじ》を かくにんします。えいようの とりかたも 教《おし》えます。

どんな食《た》べものを どうやって りょうりすれば からだに よいか 考《かんが》える。

はたらく 場所《ばしょ》

保育園《ほいくえん》や 学校《がっこう》の きゅうしょくしせつ

しっかりと バランスよく えいようを とれるように こんだてを つくる。

食《た》べものを あつかう 会社《かいしゃ》

新《あたら》しく 売《う》る 食《た》べものを つくったり、あんしんして 食《た》べられるか てんけんしたりする。

病院《びょういん》

ちりょうに あわせた こんだてを つくる。

おうちの かたへ

医師の指示で、検査を行うのが臨床検査技師、リハビリテーションを行うのが理学療法士と作業療法士です。理学療法士は、立つ、歩くなどの基本動作ができるように、作業療法士は細かい作業ができるように訓練を行います。リハビリテーションを行う仕事としては、ほかに言語能力を回復させる言語聴覚士もあります。管理栄養士は栄養士免許を取得後、さらに国家試験に合格して資格を得ます。健康な人だけでなく、けがや病気で治療中の人の栄養指導・管理も行います。

かいごふくしし
介護福祉士

お年《とし》よりや しょうがいの ある 人《ひと》など、ひとりで 生活《せいかつ》するのが むずかしい 人《ひと》の 手《て》だすけを します。身《み》の まわりの せわを して、かぞくからの そうだんにも のります。

手《て》だすけすること

きがえ
からだを うまく うごかせない 人《ひと》の きがえを 手《て》つだう。

入浴《にゅうよく》・おむつこうかん
ふろに 入《はい》る じゅんびや からだを あらう 手《て》つだいを する。おむつを こまめに とりかえる。

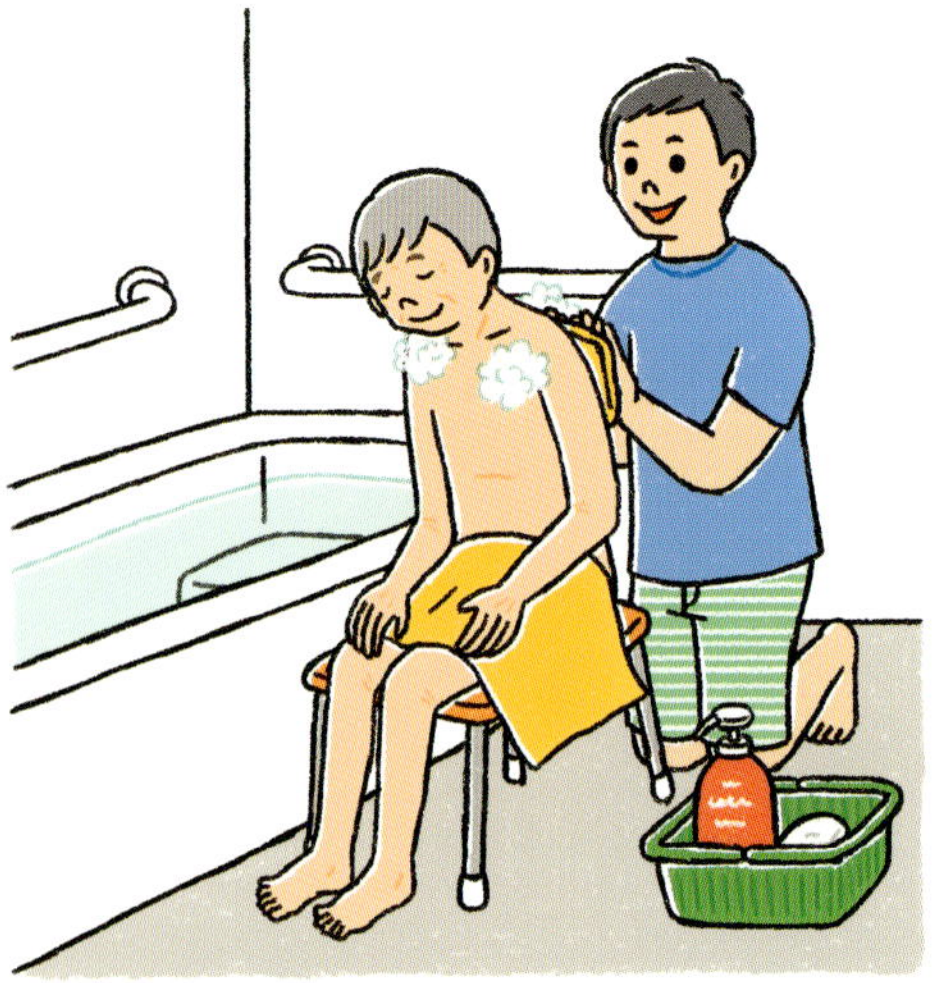

デイサービス
介護《かいご》が ひつような お年《とし》よりを しせつまで 送《おく》りむかえして 日《ひ》がえりで 入浴《にゅうよく》や 食事《しょくじ》の サービスを する。

ケアマネージャー

年《とし》を とったり、病気《びょうき》や けがで 介護《かいご》が ひつように なった 人《ひと》の 家《いえ》に 行《い》って よく 話《はなし》を して、その人《ひと》に あった 介護《かいご》サービスを うけられるように 手《て》だすけを します。

ケアプランを つくる
その人《ひと》の からだや くらしかたを 考《かんが》えて、サービスを えらび 計画《けいかく》を たてる。

介護福祉士《かいごふくしし》や ヘルパー、しせつなどを しょうかいする。

ホームヘルパー

お年《とし》よりや しょうがいの ある 人《ひと》の 家《いえ》に 行《い》き、身《み》の まわりの せわを したり、話《はな》しあいてに なったりします。

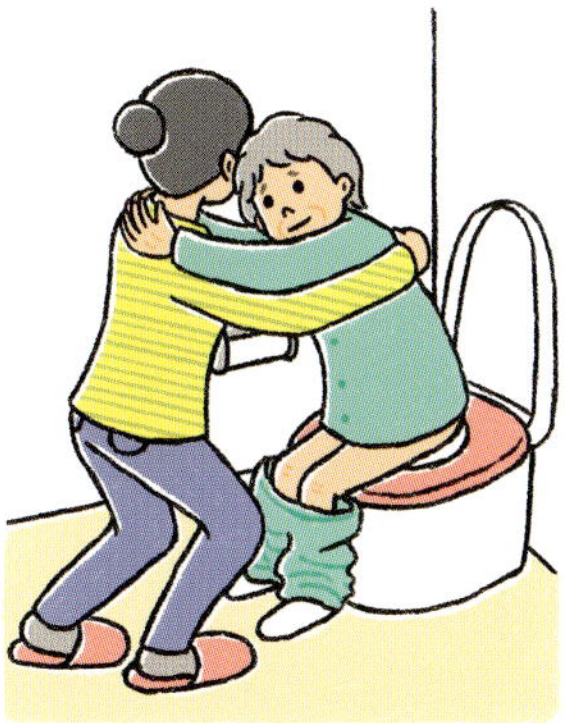

トイレや 入浴《にゅうよく》、きがえの 手《て》だすけ
トイレで 用《よう》を たしたり ふろで からだを あらったり ふくを きがえたりするのを 手《て》つだう。

家事《かじ》の 手《て》つだい
そうじ
せんたく
食事《しょくじ》の したくや かたづけ

買《か》いもの
お金《かね》を あずかり、買《か》いものや 薬《くすり》の うけとりを する。

おうちのかたへ

介護福祉士は国家資格で、老人ホームなど福祉施設の介護業務における責任者としても活躍します。ホームヘルパーは、訪問介護員ともいい、研修を修了して資格を得ます。訪問介護をするほか、福祉施設でも働きます。ケアプランを作成するケアマネージャーは、事務処理が多い仕事です。介護支援専門員とも呼ばれ、資格を取るには、規定の国家資格をもち実務経験を積むか、保健や医療、福祉分野で実務を経験し、介護支援専門員実務研修受講試験に合格後、研修を受けます。

ケースワーカー

毎日《まいにち》 生活《せいかつ》を するのに
こまっている 人《ひと》から
そうだんを うけて、
どうすれば よいかを
いっしょに 考《かんが》えます。
家《いえ》にも 行《い》って
ひつような サービスを
うけられるよう
手《て》だすけします。

じどうふくしし

児童福祉司

児童《じどう》そうだん所《じょ》で、
18さいより したの
子《こ》どもや そのかぞくの
そうだんに のり、
かいけつできるよう
手《て》だすけします。
心《こころ》の もんだいの
せんもん家《か》とも
力《ちから》を あわせます。

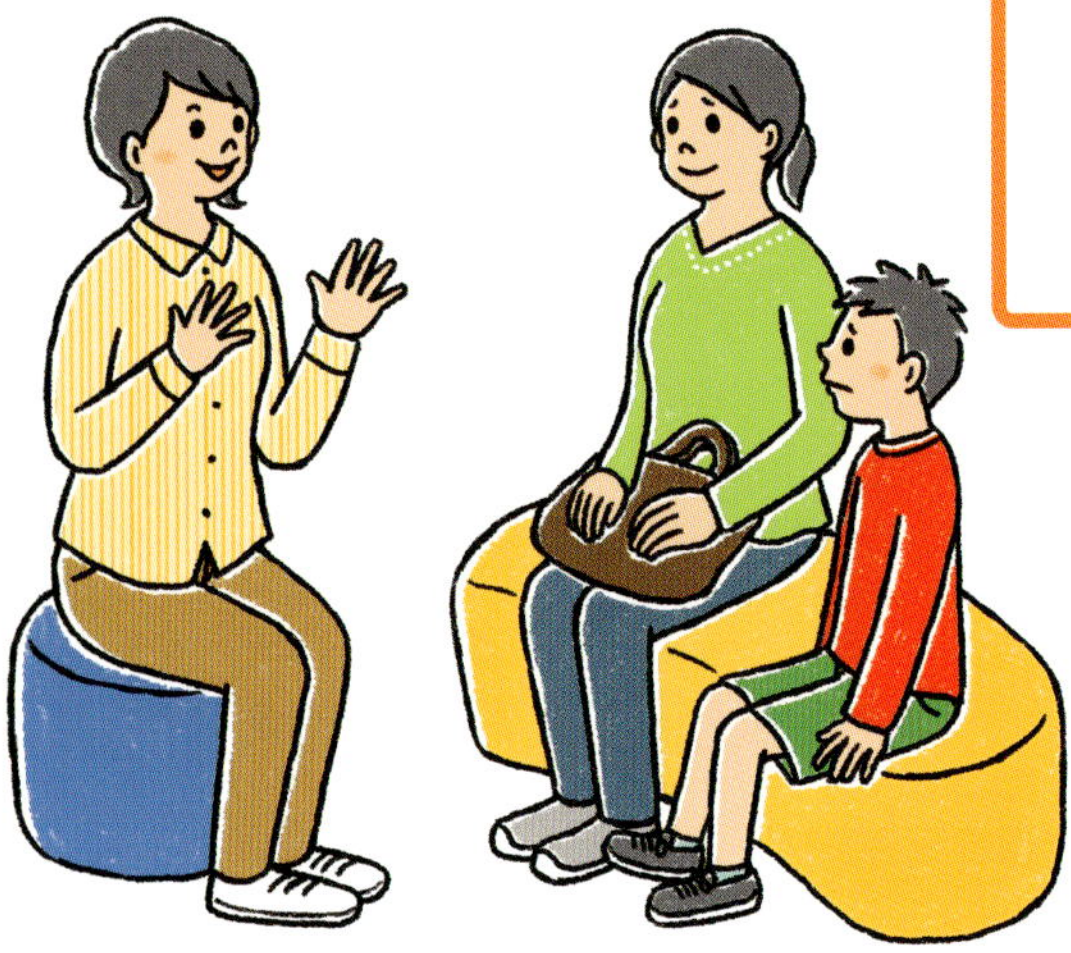

りんしょうしんりし

臨床心理士

なやみが あったり、気持《きも》ちが
くらいままで 元気《げんき》が でない 人《ひと》の
話《はなし》を よく 聞《き》いて、その人《ひと》が、
元気《げんき》を とりもどす
手《て》だすけを します。
会社《かいしゃ》や 病院《びょういん》、学校《がっこう》などで
そうだんに のっています。

カウンセリング
じっくり 話《はなし》を して
そうだんに こたえる。

ほけんし

保健師

赤《あか》ちゃんから お年《とし》よりまで、
みんなが 病気《びょうき》に かからずに
けんこうに くらせるよう、
手《て》だすけします。
町《まち》の 保健所《ほけんじょ》などで
そうだんを うけ、
けんこうしんだんを
おこないます。
病気《びょうき》を よぼうする
ほうほうも 教《おし》えます。

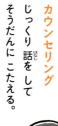

ぎしそうぐし
義肢装具士

けがや 病気《びょうき》で 手《て》や 足《あし》を なくして しまった 人《ひと》や、からだを うまく うごかせなくなった 人《ひと》のために、からだに つける 道具《どうぐ》を つくります。

ひとりひとりの からだの かたちや うごきに ぴったり あわせる。うまく うごけるように いつも ちょうせつする。

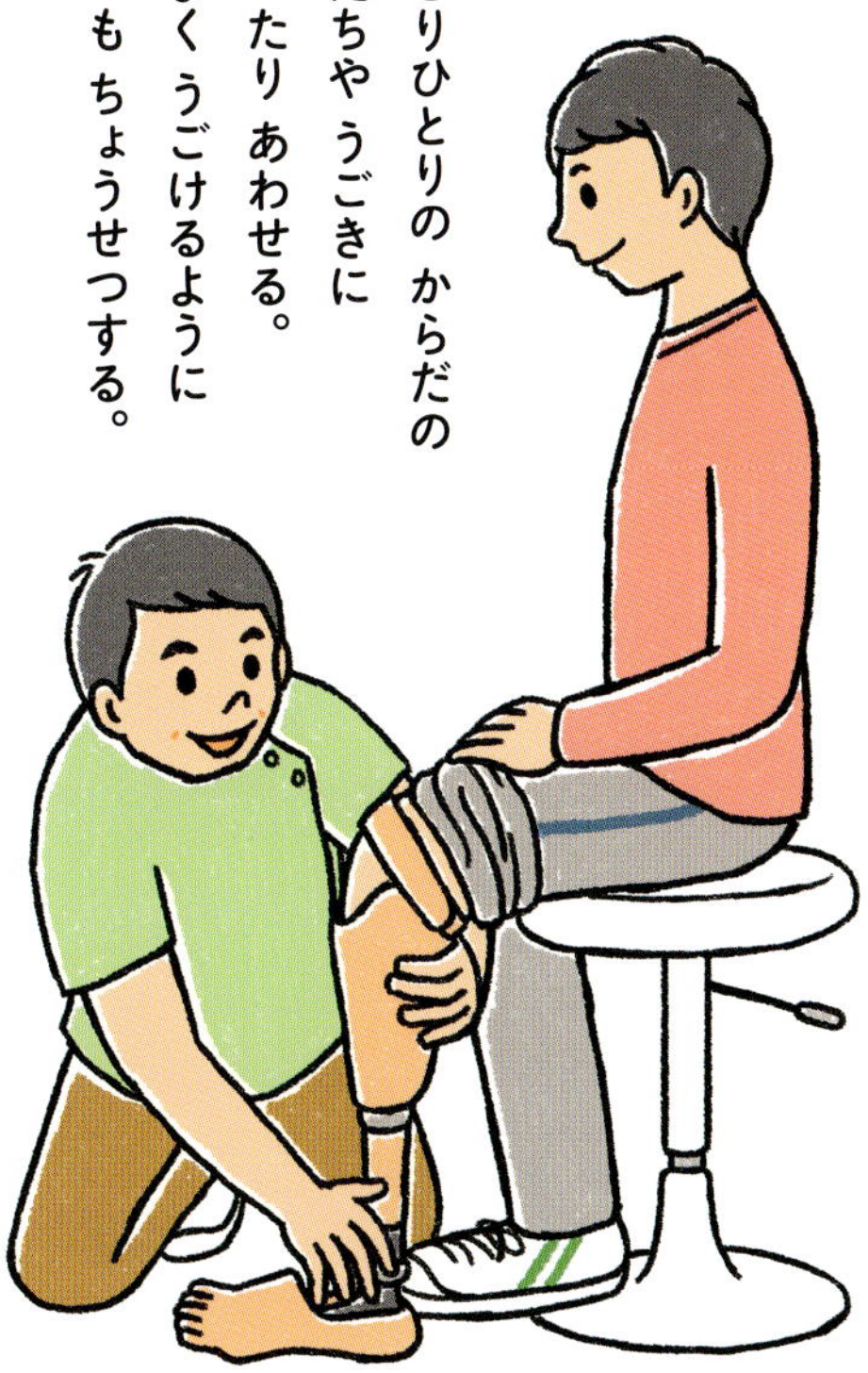

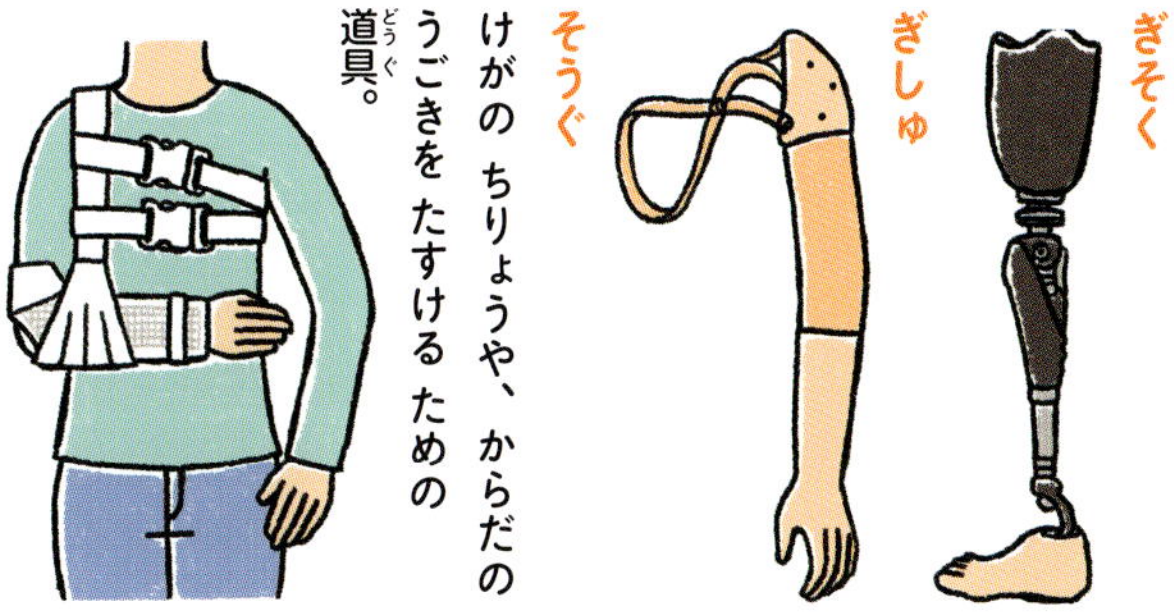

そうぐ
けがの ちりょうや、からだの うごきを たすける ための 道具《どうぐ》。

しゅわつうやくし
手話通訳士

手話《しゅわ》の できない 人《ひと》が 耳《みみ》の ふじゆうな 人《ひと》と 話《はなし》を するのを たすけます。手話《しゅわ》の 内容《ないよう》を 手話《しゅわ》の できない 人《ひと》に 話《はな》して つたえ、聞《き》きとった 話《はなし》を、耳《みみ》の ふじゆうな 人《ひと》に 手話《しゅわ》で つたえます。

もうどうけんくんれんし
盲導犬訓練士

目《め》の ふじゆうな 人《ひと》を たすける 盲導犬《もうどうけん》を そだてます。子犬《こいぬ》のときから 町《まち》を 歩《ある》いたり 電車《でんしゃ》に のったりする 練習《れんしゅう》を します。

盲導犬《もうどうけん》の どうの まわりに つける。

おうちのかたへ

ケースワーカーは、おもに地域の福祉事務所で働いています。保健師の職場は、保健所のほか、病院や学校、企業などで、資格をとるには看護師の資格も必要です。義肢装具士は、工学や医学、リハビリの知識、技術が求められる仕事で、指定の大学や専門学校で学んだ後、国家試験を受けます。盲導犬は、生後2か月から1歳までボランティアに育てられた後、訓練センターに入ります。盲導犬訓練士は、盲導犬育成団体の職員となり研修を受けて認定されます。

しょうがっこうきょうゆ

小学校教諭

小学校《しょうがっこう》で、 6さいから 12さいの 子《こ》どもたちに 勉強《べんきょう》や 生活《せいかつ》の ルールを 教《おし》えます。 たんにんする クラスの 子《こ》どもたち ひとりひとりに 目《め》を くばり、 心《こころ》や からだの せいちょうを 見《み》まもり、 たすけます。

教科書《きょうかしょ》
黒板《こくばん》
きょうたく
○月○日
国語

じゅぎょう

たんにんする クラスで いろいろな 教科《きょうか》を 教《おし》える。 体育《たいいく》や 音楽《おんがく》、 えいごは、 ほかの 先生《せんせい》が 教《おし》えることも ある。

とくべつかつどう

遠足《えんそく》や 運動会《うんどうかい》などの 行事《ぎょうじ》を じこや けがの ないように おこなう。

生活《せいかつ》しどう

きゅうしょくや そうじなどを とおして、 生活《せいかつ》の ルールや 友《とも》だちとの つきあいかたを 教《おし》える。

ろうかは 走《はし》らない！

じゅんびや さいてん

わかりやすく 教《おし》えるために じゅぎょうの じゅんびを する。 子《こ》どもたちが わかったか かくにんするために、 テストを して さいてんする。

小学校《しょうがっこう》では、先生《せんせい》（小学校教諭《しょうがっこうきょうゆ》）の ほかにも たくさんの 人《ひと》が はたらいています。みんなで 力《ちから》を あわせて、子《こ》どもたちを ささえます。

こうちょう
校長

学校《がっこう》の せきにんしゃです。

ししょきょうゆ
司書教諭

図書室《としょしつ》の 本《ほん》の かしだしを します。新《あたら》しく 入《い》れる 本《ほん》も えらびます。

スクールカウンセラー

子《こ》どもたちの なやみを 聞《き》いて、いっしょに 考《かんが》え 手《て》だすけします。

がっこうようむいん
学校用務員

子《こ》どもたちが あんしんして 生活《せいかつ》できるように、学校《がっこう》の たてものや せつびを ととのえます。

きゅうしょくちょうりいん
給食調理員

子《こ》どもたちのために おいしい きゅうしょくを つくります。

えいようきょうゆ
栄養教諭（管理栄養士《かんりえいようし》→79ページ）

子《こ》どもたちに 食《しょく》や えいようについて 教《おし》えます。えいようの ある きゅうしょくの こんだてを つくります。

おうちのかたへ

小学校教諭になるには、大学の小学校教員養成課程を履修して教員免許を得ます。その後、公立は各都道府県、私立は各学校の試験を受け、合格すると採用が決まります。基本的にクラスの担任がすべての教科を教えますが、図工や音楽、体育や英語など特定の教科を教える専門の先生がいる学校も、多くあります。スクールカウンセラーは、臨床心理士の割合が多く、ほかに精神科医などもいます。小学校の校長の補佐としては、副校長と教頭がいます。教頭は児童の教育も行います。

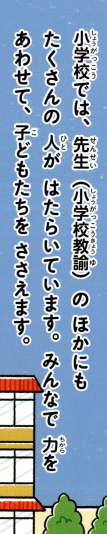

ほいくし
保育士

0さいから 小学校《しょうがっこう》に 入《はい》る まえまでの 子《こ》どもたちを ほいくえんで あずかり、せわを します。子《こ》どもたちが けんこうで あんぜんに すごせるように いつも 気《き》を くばり、せいちょうを 見《み》まもります。

きがえ、食事《しょくじ》、トイレの せわを する

きがえや 食事《しょくじ》の しかた、トイレの つかいかたなど 生活《せいかつ》に ひつようなことを 教《おし》えて 手《て》だすけする。

さんぽを する

けんこうのために さんぽに でかけたり そとで あそんだりする。

乳児《にゅうじ》クラスでは おむつを かえ ミルクを のませる。

にっしを 書《か》く

子《こ》どもたち ひとりひとりの ようすや、ちゅういしなければ いけないことを 書《か》く。

れんらくちょう

子《こ》どもの ようすを ほごしゃに つたえる。

ようちえんきょうゆ
幼稚園教諭

3さいから 小学校《しょうがっこう》に 入《はい》る まえまでの 子《こ》どもたちを ようちえんで あずかり、せいちょうを ささえます。生活《せいかつ》の ルールも 教《おし》えます。

絵本《えほん》や 紙《かみ》しばいを 読《よ》んで 聞《き》かせて、文字《もじ》や 絵《え》への きょうみを もたせる。

おゆうぎや 歌《うた》で 楽《たの》しみながら、じゅんばんを まつ、時間《じかん》を まもるなど みんなで 生活《せいかつ》するための ルールを 教《おし》える。

ようごきょうゆ
養護教諭

学校《がっこう》の 保健室《ほけんしつ》に いて、ぐあいが わるくなったり、けがを した 子《こ》どもの 手当《てあ》てを します。けがや 病気《びょうき》を ふせぐ ほうほうを 教《おし》えたり、子《こ》どもたちの そうだんに のったりします。

がくどうほいくしどういん
学童保育指導員

ほうかご、家《いえ》に ほごしゃが いない 子《こ》どもたちを がくどうほいくしょで あずかります。あんぜんに ちゅういしながら あそんだり、しゅくだいを 教《おし》えたりして、いっしょに すごします。

おうちのかたへ

保育園は、厚生労働省が管轄する児童福祉施設で、児童福祉法に従い、生活習慣を身につけさせるなどの保育を行います。幼稚園は、文部科学省が管轄する教育施設で、学校教育法に従い、共同生活を送るなどの教育を中心に行います。また、保育士は保育士の国家資格、幼稚園教諭は幼稚園教諭免許が必要です。ほかに、保育園と幼稚園の機能を併せ持つ、幼保連携型認定こども園もつくられています。保育士でとりあげた、日誌の記録などの仕事は、幼稚園教諭も同様です。

とくべつしえんがっこうきょうゆ
特別支援学校教諭

からだや のうに しょうがいが ある 子《こ》どもたちに
勉強《べんきょう》や 生活《せいかつ》の しかたを 教《おし》えます。
しょうがいは ひとりひとり ちがうので、
それぞれの 子《こ》どもに あわせて 教《おし》えます。

視覚特別支援学校《しかくとくべつしえんがっこう》
目《め》に しょうがいが ある 子《こ》どもたちが、点字《てんじ》などで 学《まな》ぶ。

聴覚特別支援学校《ちょうかくとくべつしえんがっこう》
耳《みみ》に しょうがいが ある 子《こ》どもたちが、手話《しゅわ》などで 学《まな》ぶ。

知的特別支援学校《ちてきとくべつしえんがっこう》
おぼえたり 考《かんが》えたりする 力《ちから》に しょうがいの ある 子《こ》どもたちが、学《まな》ぶ。

ちゅうがっこうきょうゆ・こうとうがっこうきょうゆ
中学校教諭・高等学校教諭

中学《ちゅうがく》や 高校《こうこう》では、教科《きょうか》ごとに
せんもんの 先生《せんせい》が 教《おし》えます。
じゅぎょうを するほかに、
たんにんの クラスを
うけもったり
ぶかつどうの しどうなどを
したりします。

だいがくきょうじゅ
大学教授

大学《だいがく》で けんきゅうを して、
ろんぶんを 書《か》いて
はっぴょうします。
学生《がくせい》たちを 教《おし》えたり
けんきゅうの
しどうを
したりします。

ろんぶん
けんきゅうして
新《あたら》しく
わかったことを
すじみちだてて
書《か》く 文章《ぶんしょう》。

おうちの かたへ

中学校や高等学校の教諭になるには、大学で専門科目を学び教員免許を取得します。公立は都道府県、私立は各学校の試験で、採用されます。特別支援学校は、視覚障がい、聴覚障がい、知的障がい、肢体不自由、病弱の児童・生徒が通う学校で、複数の障がいに対応する学校も増えています。特別支援学校教諭になるには、教員免許のほか特別支援学校の教員免許も取得します。大学教授は、多くの場合、大学院を修了し博士号を得て、各大学の審査で採用され、准教授を経てなります。

4

人《ひと》に つたえる、人《ひと》を 楽《たの》しませる

しょうぶを 見《み》せる

音《おと》や えいぞうで つたえる

衣食住《いしょくじゅう》を ゆたかに する

文字《もじ》や 絵《え》で つたえる

でんとうを つたえる

プロやきゅうせんしゅ
プロ野球選手

プロ野球《やきゅう》には セントラルリーグ（セリーグ）と パシフィックリーグ（パリーグ）の 2つの リーグが あり、それぞれ 6球団《きゅうだん》ずつ あります。そのどれかの 球団《きゅうだん》の 選手《せんしゅ》として ほかの 球団《きゅうだん》と たたかい、ゆうしょうを めざします。

プロ野球選手《やきゅうせんしゅ》の 1年《ねん》

3月《がつ》　公式《こうしき》せん

3月《がつ》ごろから、セリーグと パリーグ それぞれの なかで しあいを する。リーグの 1位《い》に なった 球団《きゅうだん》どうしが 10月《がつ》～11月《がつ》の 日本《にほん》シリーズで たたかい、日本一《にほんいち》を きめる。

11月《がつ》

12月《がつ》　自主《じしゅ》トレーニング

しあいが ないときにも 練習《れんしゅう》を して、つぎの シーズンに そなえる。

1月《がつ》

2月《がつ》　キャンプ

2月《がつ》ごろに、おなじ 球団《きゅうだん》の 選手《せんしゅ》たちが 合宿《がっしゅく》を して、いろいろな 練習《れんしゅう》を する。

メジャーリーグ（大《だい》リーグ）

アメリカと カナダの 30の 球団《きゅうだん》が 入《はい》っている、世界《せかい》で いちばん 強《つよ》い プロ野球《やきゅう》リーグです。ナショナルリーグと アメリカンリーグの 2つの リーグが あり、日本人選手《にほんじんせんしゅ》も かつやくしています。

プロサッカーせんしゅ

プロサッカー選手

プロサッカーリーグである Jリーグ《ジェー》の どれかの チームの 選手《せんしゅ》として、いろいろな チームと しあいを します。

Jリーガー《ジェー》の1年《ねん》

3月《がつ》 リーグせん

3月《がつ》ごろから いろいろな 組《く》みあわせで しあいを して、かちぬいた 2チームが 12月《がつ》に たたかい ゆうしょうを きめる。しあいは 「ホーム」か「アウェー」で おこなう。

ホーム・アウェー

自分《じぶん》の チームが おもに つかう サッカー場《じょう》を ホームと いう。あいての チームの サッカー場《じょう》は アウェーと いう。

12月《がつ》

1月《がつ》 自主《じしゅ》トレーニング

しあいが ないときにも 練習《れんしゅう》を する。

2月《がつ》 キャンプ

おなじ チームの 選手《せんしゅ》たちが、合宿《がっしゅく》を して いろいろな 練習《れんしゅう》を する。

ワールドカップ

サッカーの 世界大会《せかいたいかい》です。国《くに》ごとに だいひょう選手《せんしゅ》を えらんで チームを つくります。世界《せかい》の 国《くに》ぐにを 6つの グループに わけて、それぞれ かちすすんだ 国《くに》の チームが さらに たたかって、世界一《せかいいち》を めざします。

おうちの かたへ

プロ野球選手になるには、高校、大学の野球部や企業のチームの選手として活躍し、年1回のドラフト会議で球団から指名を受けます。指名がなくても各球団のプロテストに合格すれば、入団できます。日本シリーズは、クライマックスシリーズで勝ち抜いた球団同士で対戦します。

プロサッカー選手は、Jリーグのチームにスカウトされて入ります。ほかにも、テストを受けたり、チームの下部組織であるユースチームから昇格する人もいます。

いろいろな スポーツせんしゅ

いろいろな スポーツ選手

しあいに でて あいてチームと たたかったり、わざを ひろうしたりします。

バスケットボールせんしゅ
バスケットボール選手

プロチームか 会社《かいしゃ》の チームに 入《はい》って B《ビー》リーグという 大会《たいかい》で たたかいます。バスケットボールが さかんな アメリカの NBA《エヌビーエー》リーグで かつやくする 選手《せんしゅ》も います。

バレーボールせんしゅ
バレーボール選手

プロチームか 会社《かいしゃ》の チームに 入《はい》って、V《ブイ》リーグという 大会《たいかい》で たたかいます。日本《にほん》の だいひょう選手《せんしゅ》として、ワールドカップなどの 世界《せかい》の 大会《たいかい》で たたかうことも あります。

プロテニスせんしゅ
プロテニス選手

グランドスラムと よばれる 4つの 大会《たいかい》など、世界《せかい》じゅうで おこなわれる しあいで たたかいます。大会《たいかい》で かって 世界《せかい》ランキングの 上位《じょうい》を めざします。

フィギュアスケートせんしゅ
フィギュアスケート選手

音楽《おんがく》に あわせて 氷《こおり》の うえを おどるように すべり、ジャンプや かいてんの わざを 見《み》せます。日本《にほん》や 世界《せかい》の 大会《たいかい》で、わざの 美《うつく》しさと むずかしさを きそいます。アイスショーで かつやくする 人《ひと》も います。

たいそうせんしゅ
体操選手

日本《にほん》や 世界《せかい》の 大会《たいかい》に でて、ちょうばや ゆかうんどうなどの しゅもくで わざの むずかしさや 美《うつく》しさを きそいます。

すいえいせんしゅ
水泳選手

日本《にほん》や 世界《せかい》の 大会《たいかい》に でて よい きろくを めざします。スイミングスクールで コーチを する 人《ひと》も います。

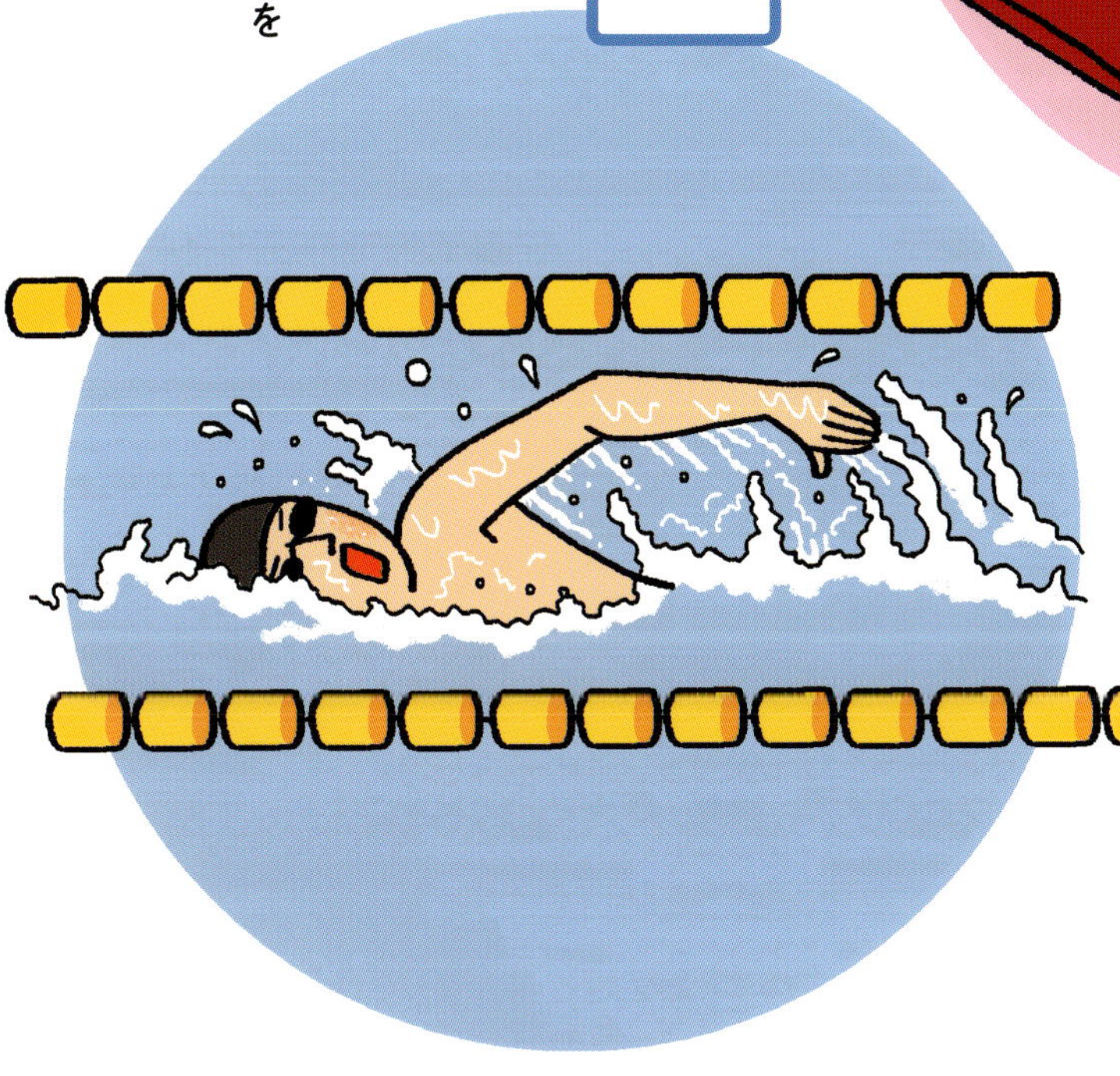

おうちのかたへ

スポーツ選手は、サッカー、野球、ゴルフなど、プロスポーツとして収入がある程度保証され、競技に専念して生活できる選手だけでなく、会社や学校などのチームに所属しながら、競技以外の仕事で収入を得る選手も多くいます。ここで紹介した以外のスポーツも含め、競技によって、プロの基準はさまざまです。

スポーツの選手を続けるには、けがが予防や体調管理といった体のメンテナンスだけでなく、強い精神力が必要です。

りきし 力士

すもうべやに 入《はい》り、1年《ねん》に 6回《かい》 ある 本場所《ほんばしょ》という しあいで、すもうを とり、ゆうしょうを めざします。強《つよ》くなるために 毎日《まいにち》 朝《あさ》 はやくから けいこを します。

ぎょうじ 行司

とり組《く》み（すもうの しょうぶ）を とりしきって、かちまけを きめる 人《ひと》。

ぐんばい

行司《ぎょうじ》が つかう うちわ。かった 力士《りきし》の ほうに あげる。

まわし

力士《りきし》が 身《み》に つける ふんどし。

どひょう

番付《ばんづけ》

力士《りきし》の 強《つよ》さを しめす じゅんばん。序《じょ》の口《くち》から はじまり、しょうぶに かった 数《かず》によって 番付《ばんづけ》が あがる。十両《じゅうりょう》から うえは いちにんまえの 力士《りきし》として 関取《せきとり》と いう。

強《つよ》い ↑

番付《ばんづけ》	
幕内《まくうち》	横綱《よこづな》
	大関《おおぜき》
	関脇《せきわけ》
	小結《こむすび》
	前頭《まえがしら》
十両《じゅうりょう》	
幕下《まくした》	
三段目《さんだんめ》	
序二段《じょにだん》	
序の口《じょのくち》	

↑ 関取《せきとり》 ↓

すもうから うまれた ことば

おおいちばん

だいじな しょうぶの こと。すもうで ゆうしょうに かかわる 大《おお》きな とり組《く》みを さすことから。

ぐんばいが あがる

かちまけが きまること。とり組《く》みで 行司《ぎょうじ》が、かった 力士《りきし》の ほうに ぐんばいを あげて かちを しめすことから。

しょうぎきし
将棋棋士

「しょうれい会《かい》」という しょうぎの 会《かい》に 入《はい》り、しょうぎを さして しょうぶします。タイトルせんと よばれる 大《おお》きな 大会《たいかい》で かつと、「名人《めいじん》」などの よび名《な》を もらいます。

たいきょく
しょうぎや いごを すること。
しょうぎばん
こま

しょうぎの 段《だん》と 級《きゅう》

しょうぎきしの 強《つよ》さを しめす じゅんばん。しょうぶに かった 数《かず》によって うえに あがる。四段《よだん》から プロと なる。

強《つよ》い↑

段《だん》・級《きゅう》
九段《くだん》
八段《はちだん》
七段《しちだん》
六段《ろくだん》
五段《ごだん》
四段《よだん》
三段《さんだん》
二段《にだん》
初段《しょだん》
1級《きゅう》
2級《きゅう》
3級《きゅう》
4級《きゅう》
5級《きゅう》
6級《きゅう》
7級《きゅう》

プロ（九段〜四段）

いごきし
囲碁棋士

「きいん」という いごの 会《かい》に 入《はい》って、いごを うって しょうぶします。タイトルせんと よばれる 大《おお》きな 大会《たいかい》で かつと、「きせい」などの よび名《な》を もらいます。

いごの 段《だん》

いごきしの 強《つよ》さを しめす じゅんばん。初段《しょだん》の テストに ごうかくすると プロに なる。しょうぶに かった 数《かず》によって うえに あがる。

強《つよ》い↑

段《だん》
九段《くだん》
八段《はちだん》
七段《しちだん》
六段《ろくだん》
五段《ごだん》
四段《よだん》
三段《さんだん》
二段《にだん》
初段《しょだん》

プロ（九段〜初段）

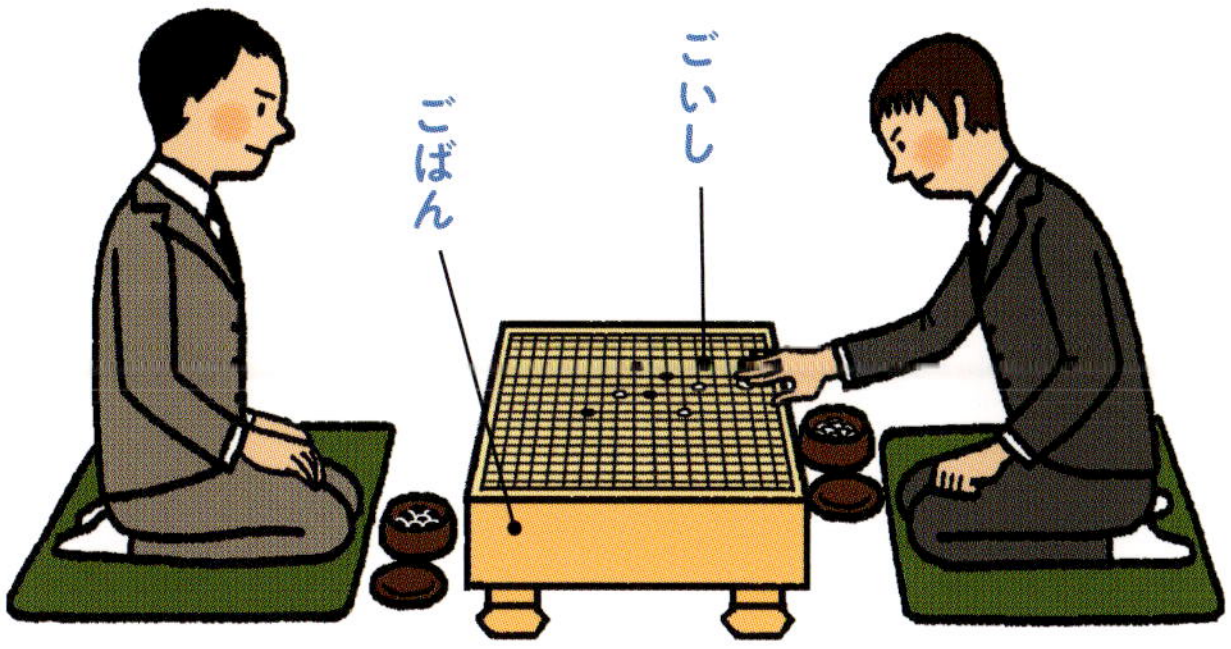

ごいし
ごばん

おうちの かたへ

力士になるには、相撲部屋に入り、年齢や身長、体重などの受験資格をクリアして、新弟子検査に合格することが必要です。また本場所のほか、地方巡業で稽古を見せたり、小中学生と相撲をとるなど、ファンと交流することも大事な仕事です。

将棋では名人戦、竜王戦など8つ、囲碁では棋聖《きせい》戦《せん》、本因坊《ほんいんぼう》戦《せん》など7つのタイトル戦があり、それぞれ勝ち抜いた挑戦者が前年の王者と対戦し、その勝者はタイトルである「名人」「棋聖」などの称号と、優勝賞金を得ます。

アナウンサー

テレビや ラジオで、さまざまな じょうほうを 話《はな》して つたえます。正《ただ》しい ことばづかいを する くんれんを して、はっきりと 聞《き》きとりやすく 話《はな》します。つたえる ないようについて 自分《じぶん》で しらべることも あります。

ニュースを つたえる

きめられた 時間《じかん》の なかで ニュースの げんこうを 聞《き》きとりやすいように 読《よ》んで つたえる。そのために なんども 練習《れんしゅう》を する。

しかいを する

ゲストに 話《はなし》を 聞《き》いて まとめながら 番組《ばんぐみ》を すすめる。

アナウンサーが つかうもの

ストップウォッチ

きめられた 時間《じかん》の なかで 読《よ》む 練習《れんしゅう》を する。

じしょ・じてん

正《ただ》しい ことばづかいや アクセントを しらべる。

ちゅうけいを する

じけんや じこ、さいがいが おきた 場所《ばしょ》や、スポーツの しあいなどに 行《い》って、そのようすを せつめいする。

ナレーションを する

番組《ばんぐみ》の ないようや あらすじなどを 声《こえ》で せつめいする。

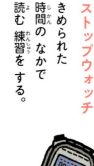

アナウンサーの ほかにも、テレビや ラジオで 話《はな》して つたえる しごとを する 人《ひと》が います。

ニュースキャスター

ニュース番組《ばんぐみ》で ニュースを わかりやすく つたえます。ゲストに いけんを 聞《き》いたり 自分《じぶん》の 考《かんが》えを いうことも あります。

レポーター

じけんや じこが おきた 場所《ばしょ》や イベントなどに 行《い》って、ようすを つたえます。インタビューを することも あります。

ラジオパーソナリティー

ラジオ番組《ばんぐみ》で、いろいろな じょうほうや 音楽《おんがく》、番組《ばんぐみ》に とどいた メールなどを しょうかいします。ゲストに 話《はな》を 聞《き》くことも あります。

おうちのかたへ

アナウンサーは、打ち合わせをしたり、伝える情報をチェックしたり、原稿を読むだけではなく、毎日の勉強が欠かせない仕事です。多くの場合、大学在学中からアナウンススクールなどで学び、放送局に勤めます。フリーで働くアナウンサーもいます。

ラジオパーソナリティーは、芸能事務所に所属したり、養成講座で発声などを学んだりして、ラジオ局の番組オーディションを受けてなる人もいます。声で伝える仕事としてはほかに、ナレーションを専門とするナレーターもいます。

タレント

テレビや ラジオの 番組《ばんぐみ》、イベントなどで
こせいを いかして 人《ひと》を 楽《たの》しませます。
しかいや おもしろい 話《はなし》を したり
歌《うた》ったり、クイズに こたえたりします。

アイドル

テレビ番組《ばんぐみ》や コンサートに でて、歌《うた》や ダンスで かつやくします。おうえんしてくれる たくさんの ファンを たいせつに します。

かつやくする 場所《ばしょ》

テレビ・ラジオ

えいが

コマーシャル

コンサート・イベント

ざっし

げいのうマネージャー
芸能マネージャー

タレントや アイドルが、人気《にんき》ものに なって かつやくできるように、しごとの よていを 組《く》みたて、手《て》だすけします。

テレビの 番組《ばんぐみ》を つくるために、いろいろな やくわりの 人《ひと》が はたらいています。

しょうめい
照明
さまざまな あかりで 番組《ばんぐみ》の ふんいきを つくります。

プロデューサー
どんな番組《ばんぐみ》を つくるのか だれに でてもらうのか などを きめる、番組《ばんぐみ》の せきにんしゃです。

カメラマン
いちや 角度《かくど》や、あかるさを 考《かんが》えて、さつえいします。

アシスタントディレクター
ディレクターの 手《て》つだいを します。

ディレクター
いろいろな やくわりの 人《ひと》を まとめ 番組《ばんぐみ》を つくる リーダーです。

おんせい
音声
マイクで 音《おと》を あつめて、番組《ばんぐみ》で ながす 音《おと》を つくります。

おおどうぐ
大道具
かべや かいだんなど 番組《ばんぐみ》で つかう 大《おお》きなものを、つくります。

おうちの かたへ

タレントとは、テレビ番組などに出演する歌手、俳優、文化人を広く指し、仕事内容も、司会、レポーター、コメンテーターなどさまざまです。テレビ番組を制作する仕事としては、ここにあげたほかにも、時間を計測するタイムキーパー、音楽や効果音を流す音響効果、構成を考える放送作家などがあります。番組の責任者がプロデューサーで、内容や出演者、予算などすべてを管理し、スポンサーを探し、宣伝方法も考えます。ディレクターは、企画にそって演出し、現場を指揮します。

こうこくせいさくがいしゃで はたらく

広告制作会社で 働く

売《う》りたい 商品《しょうひん》が ある 会社《かいしゃ》から たのまれて、その商品《しょうひん》を たくさんの 人《ひと》に 知《し》らせて 買《か》ってもらえるように、広告《こうこく》を つくります。

クライアント

広告《こうこく》を ちゅうもん した 会社《かいしゃ》の 人《ひと》。

商品《しょうひん》を せんでんしたい 会社《かいしゃ》の ちゅうもんを 聞《き》いて、どんな広告《こうこく》に すれば その商品《しょうひん》が 売《う》れるかを 考《かんが》える。

アートディレクター

ポスターや ざっしなどの 広告《こうこく》の 見《み》せかたや つたえかたを 考《かんが》えて、いろいろな 人《ひと》と 力《ちから》を あわせて 広告《こうこく》を つくります。

グラフィックデザイナー

広告《こうこく》の 文字《もじ》や 絵《え》や 写真《しゃしん》の いちや 大《おお》きさ、色《いろ》などを くふうし、みんなが きょうみを もつような デザインを 考《かんが》えます。

コピーライター

広告《こうこく》の ことばを コピーと いいます。心《こころ》に のこる コピーを 考《かんが》えだします。

シーエムプランナー
CMプランナー

テレビなどで ながす CM《シーエム》（コマーシャル）を、つくります。広告《こうこく》を だす 会社《かいしゃ》の ちゅうもんを 聞《き》いて、どんなCM《シーエム》に するかを 考《かんが》え いろいろな 人《ひと》と きょうりょくして つくります。

せんでんする ものについて、みじかい 時間《じかん》のなかで、しっかりと つたえる くふうを する。

コンテ
どんなCM《シーエム》を つくるか、場面《ばめん》ごとに 絵《え》や ことばで あらわしたもの。

広告《こうこく》を だす 会社《かいしゃ》に、CM《シーエム》の あんを せつめいする。

プロデューサー
CM《シーエム》を つくる せきにんしゃです。

ディレクター
CM《シーエム》を かんとくします。

タレント
（➡ 98ページ）

スタッフを あつめて、さつえいを する。

カメラマン

おうちのかたへ

広告を作る仕事は、豊かな発想力やセンスが求められます。常識も必要で、世の中の動きにも敏感でなければなりません。会社に所属して経験を積んでから独立し、自分の事務所を構える人もいます。アートディレクターは、多くの場合、グラフィックデザイナーの経験を積んでからなります。CMのディレクターは、プランナーがたてた企画を演出して映像化します。CMプランナーとディレクターを兼任したり、CMプランナーとコピーライターを兼任したりする人もいます。

ゲームクリエイター

ひとつの ゲームを つくりあげるまでには
さまざまな さぎょうが ひつようです。
いろいろな 人《ひと》たちが ひとつの チームとして
きょうりょくして
しごとを します。

プランナー

どんなゲームに するか
考《かんが》えを まとめ、
どんな画面《がめん》で
どんなふうに
キャラクターが
うごくのか、
ゲームの
設計図《せっけいず》（仕様書《しようしょ》）を
つくります。

プロデューサー

ゲームを つくるための
お金《かね》を あつめ、
ゲームが かんせいするまでの
よていを たてます。
ゲームを つくる
チームの せきにんしゃです。

ディレクター

どんなゲームに するか
考《かんが》えます。
チームの 人《ひと》たちを まとめ
ゲームを つくります。

どんなゲームや
キャラクターに
するか 話《はな》しあう。

プランナーが つくった
設計図《せっけいず》（仕様書《しようしょ》）を もとに、
ディレクターが
いろいろな 人《ひと》に しごとを
ふりわけて しじする。

ゲームの 物語《ものがたり》や キャラクター、音《おと》などを 手《て》わけして つくります。

シナリオライター

物語《ものがたり》や キャラクターの せりふを きめます。

シージーデザイナー
CGデザイナー

ゲームの 絵《え》を つくります。キャラクターの 顔《かお》や からだの うごきも つけます。

りんごを ひとつ ひろったぞ。
ピッピロピ〜ン！

ねこが りんごを ひろうと せりふと 音《おと》が でるように する。

サウンドクリエイター

ゲームの 場面《ばめん》に あった 音楽《おんがく》や、キャラクターが うごくときの 音《おと》を つくります。

プログラマー

CG《シージー》デザイナーや サウンドクリエイターが つくった 絵《え》や 音《おと》を 組《く》みあわせて、ゲームが うごくように します。

おうちのかたへ

ゲーム制作は、数多くの作業が必要なので、スタッフが100人以上になることもあります。またプランナーが企画とシナリオを兼ねたり、ゲーム作家、ゲームデザイナーと呼ばれる人もいるなど、ゲームや会社によって役割や職名はさまざまです。

プログラミングが終わると、ゲームを実際にやって不具合（バグ）がないか一つ一つ動作確認をし、問題があればプログラムを修正する作業を繰り返します。バグがなくなれば完成です。企画から完成まで1年以上かかることも多くあります。

えいがかんとく
映画監督

1本《ぽん》の 映画《えいが》を つくるには 多《おお》くの さぎょうが ひつようです。映画監督《えいがかんとく》は、いろいろな しごとを する 人《ひと》たちを まとめ、映画《えいが》を つくりあげます。

ろくおん
録音

せりふや まわりの 音《おと》を ろくおんします。

カメラマン

カメラで とる むきや 画面《がめん》の 大《おお》きさなどを くふうして、とります。

スクリプター

カメラで べつべつに とった 場面《ばめん》を あとで つなぐために、どんなふうに とったか きろくします。

えいがかんとく
映画監督

えいがプロデューサー
映画プロデューサー

どんな映画《えいが》を つくるのか だれに でてもらうのかなどを きめる、せきにんしゃです。

きゃくほんか
脚本家

映画《えいが》の もとと なる きゃくほんを つくります。物語《ものがたり》や、登場人物《とうじょうじんぶつ》の せりふや うごき、どんな場面《ばめん》に するかを 考《かんが》えます。

おうちのかたへ

映画監督になるには、自分で映画をつくりコンクールで入賞したり、映画やテレビドラマの現場で経験を積むなど、さまざまな方法があります。大学や専門学校で、映画づくりを学ぶ人もいます。ここにあげたほかにも、現場で監督を補佐する助監督や、撮影した映像をつなぐ編集なども重要なスタッフです。脚本を執筆したり、編集を行う監督も多くいます。膨大な作業のすべてについて判断し、スタッフに指示をして、映画を完成させるのが監督の仕事です。

せいゆう

声優

アニメや ゲームの キャラクター、外国《がいこく》の 映画《えいが》や ドラマの 登場人物《とうじょうじんぶつ》の うごきに あわせて せりふを いって、声《こえ》で えんぎを します。声《こえ》で せつめいを することも あります。

アフレコ
えいぞうに あわせて せりふを いって ろくおんすること。

やくに あわせ いろいろな 声《こえ》を つかいわける。

アニメーター

アニメの 絵《え》を かきます。絵《え》コンテを もとに、いろいろな やくわりに わかれて しごとを します。

原画《げんが》を かく人《ひと》
画面《がめん》の うごきの もとに なる 絵《え》を かく。

動画《どうが》を かく人《ひと》
原画《げんが》と 原画《げんが》の あいだを つないで、うごいているように 見《み》せるための 絵《え》を かく。

タップ
動画用紙《どうがようし》を かさねて ずれないように とめる 道具《どうぐ》。
動画用紙《どうがようし》

絵《え》コンテ
ぜんぶの 画面《がめん》の 絵《え》と せりふを しめしたもの。

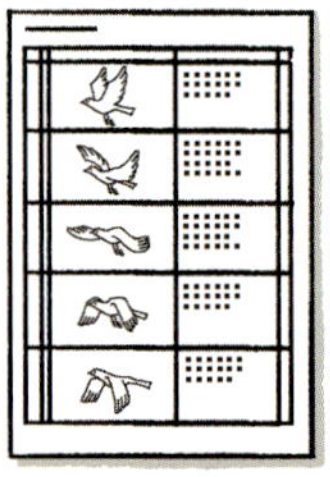

かしゅ・ミュージシャン
歌手・ミュージシャン

歌《うた》や えんそうで
たくさんの 人《ひと》を 楽《たの》しませます。
コンサートを ひらいたり
テレビ番組《ばんぐみ》に でることも あります。

シンガーソングライター

自分《じぶん》で つくった
歌《うた》を 歌《うた》う。

えんかかしゅ
演歌歌手

演歌《えんか》を 歌《うた》う。

アイドル
（→98ページ）

歌《うた》ったり
ダンスを したりする。

バンド

楽器《がっき》を えんそうする
人《ひと》たちの あつまり。

ドラマー
ドラムを
えんそうする。

キーボーディスト
キーボードを
えんそうする。

ギタリスト
ギターを
えんそうする。

ボーカリスト
歌《うた》を
歌《うた》う。

ベーシスト
ベースを
えんそうする。

ラッパー

ラップを 歌《うた》う。

おうちのかたへ

声優になるには専門学校などで学び、声優プロダクションに入るのが一般的です。映画やテレビ番組のオーディションを受けて、役をつかみます。アニメーターは、多くの場合、大学や専門学校で、美術やアニメの基礎を学び、アニメの制作会社などに入ります。動画の担当から経験を積み、原画、作画監督とステップアップしていきます。歌手やミュージシャンを目指す人の中には、デモテープや、オーディション、ライブ活動などからチャンスをつかむ人もいます。

おわらいげいにん
お笑い芸人

ぶたいや、テレビ番組《ばんぐみ》などに でて、おもしろい げいや 話《はなし》を して 人《ひと》を わらわせます。まんざいや コントのほか、しかいを することも あります。みんなを 楽《たの》しませる 新《あたら》しい ネタを つねに 考《かんが》えています。

まんざい
ふたりぐみの 芸人《げいにん》が 話《はなし》の やりとりの おもしろさで わらわせる。

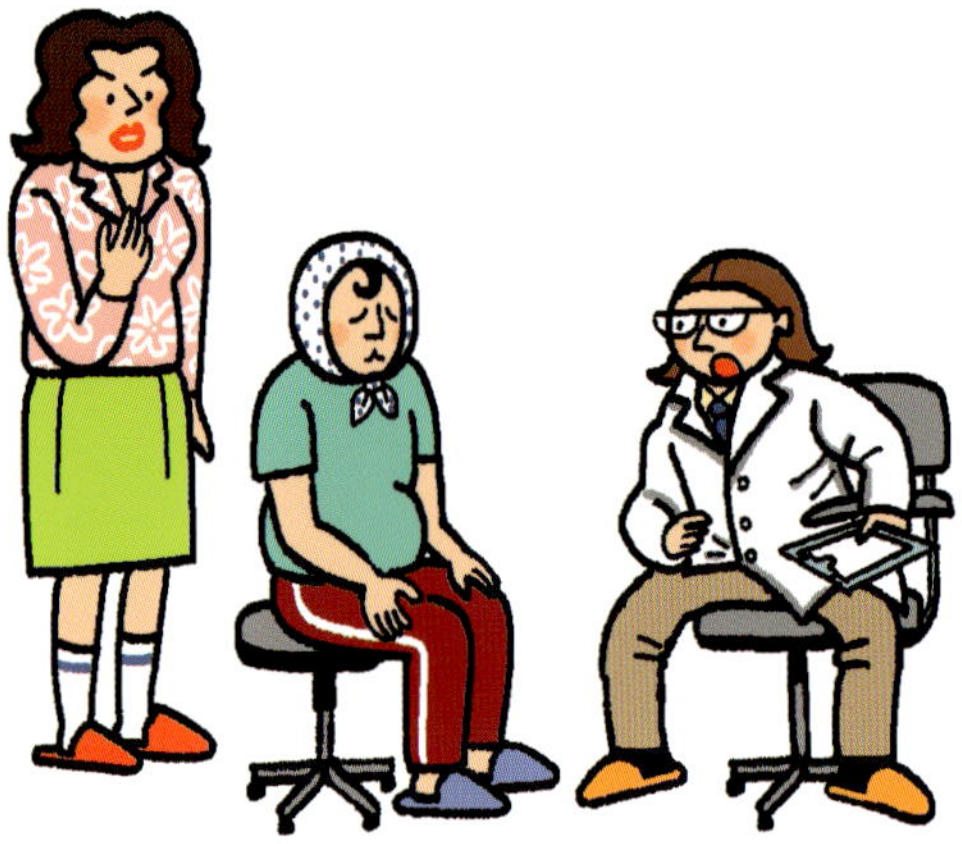

コント
みじかい げきで わらわせる。ふんそうしたり 道具《どうぐ》を つかったりすることも ある。

らくごか
落語家

日本《にほん》の でんとうてきな げいで ある 落語《らくご》で 楽《たの》しませます。物語《ものがたり》を かたり、ひょうじょうや 声《こえ》や うごきを かえて、いろいろな 人《ひと》を ひとりで えんじます。せんすや てぬぐいを つかって、食《た》べたり 読《よ》んだりしているように 見《み》せる わざも あります。

高座《こうざ》
げいを 見《み》せる ぶたい。

ししょう
落語家《らくごか》に なるには ひとりの ししょうに ついて けいこする。

真打《しんうち》	いちばん さいごに 高座《こうざ》に でることが できる すぐれた 落語家《らくごか》。
二《ふた》つ目《め》	10年《ねん》 つとめると 真打《しんうち》に なれる。
前座《ぜんざ》	落語家《らくごか》の 名前《なまえ》を もらえる。 高座《こうざ》の じゅんびや ししょうの せわを する。

ダンサー

音楽《おんがく》に あわせ ダンスを して 見《み》せます。
クラシック音楽《おんがく》や ジャズ、ヒップホップなど、
あわせる 音楽《おんがく》は さまざまです。
美《うつく》しく おどるために いつも からだを
きたえておくことも たいせつです。

ミュージシャンの うしろで おどって もりあげたり、テーマパークの パレードや ショーで おどる ダンサーも いる。

バレエダンサー

クラシック音楽《おんがく》に あわせ 物語《ものがたり》の やくを えんじながら おどります。
バレエ団《だん》に 入《はい》って 毎日《まいにち》 練習《れんしゅう》します。

かぶきやくしゃ
歌舞伎役者

日本《にほん》の でんとうてきな しばいである 歌舞伎《かぶき》を えんじます。
はなやかな いしょうを つけ、大《おお》きな うごきや 歌《うた》うような せりふで 楽《たの》しませます。
歌舞伎役者《かぶきやくしゃ》は 男《おとこ》の 人《ひと》だけで、女《おんな》の 人《ひと》の やくも 男《おとこ》の 人《ひと》が えんじます。

おやま（おんながた） おもに 女《おんな》の 人《ひと》の やくを えんじる。

くまどり やくを しめす けしょう。

のうがくし・きょうげんし
能楽師・狂言師

日本《にほん》の でんとうてきな えんげきである 能《のう》や 狂言《きょうげん》を えんじます。
能楽師《のうがくし》は、能面《のうめん》を つけて えんじ、歌《うた》や まいを 見《み》せます。
狂言師《きょうげんし》は、おもしろい うごきや せりふで、楽《たの》しませます。

能楽師《のうがくし》

狂言師《きょうげんし》

おうちのかたへ

お笑い芸人は、芸能事務所などに入り芸を磨き、舞台やテレビ番組に出ます。落語家は、一人の師匠の弟子となり、見習いから真打を目指します。また、ここではバレエダンサーとして古典バレエをとりあげていますが、モダンバレエのダンサーもいます。

歌舞伎役者、能楽師、狂言師は世襲が多いですが、一般の人でも、弟子入りするか、歌舞伎は国立劇場、能・狂言は国立能楽堂の研修生から目指すこともできます。なお、能楽とは能と狂言を指し、能楽師は広義では狂言師を含みます。

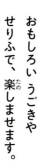

おんがくを とどける

音楽を とどける

指揮者《しきしゃ》の しじに あわせて すばらしい えんそうを して、お客《きゃく》さんを 楽《たの》しませます。

オーケストラだんいん

オーケストラ団員

オーケストラの ひとりとして、えんそうする。

せいがくか

声楽家

おもに クラシック音楽《おんがく》の 歌《うた》を 歌《うた》います。ぶたいで やくを えんじながら 歌《うた》うことも あります。外国語《がいこくご》の 歌《うた》を 歌《うた》うために、ことばの 勉強《べんきょう》も します。

さくしか

作詞家

かよう曲《きょく》や アニメ、どうようなど、さまざまな 曲《きょく》の 歌詞《かし》を つくります。曲《きょく》に あわせて 歌詞《かし》を つくる 場合《ばあい》と、さきに 歌詞《かし》を つくり、あとで 曲《きょく》を つける 場合《ばあい》が あります。

しきしゃ
指揮者

音《おと》の だしかたや はやさなどを しじして えんそうを まとめる。

ピアニスト

ピアノを えんそうする。

ピアノちょうりつし
ピアノ調律師

音《おと》が ずれてしまった ピアノを 正《ただ》しい 音《おと》が でるように なおします。
ピアニストが のぞむ 音色《ねいろ》に することも あります。

さっきょくか
作曲家

歌手《かしゅ》が 歌《うた》う 歌《うた》や、ドラマや アニメ、ゲームで ながれる 曲《きょく》など、いろいろな 曲《きょく》を つくります。
場面《ばめん》や、歌《うた》う 人《ひと》の 声《こえ》に あうように つくります。

おうちのかたへ

オーケストラには、楽団のオーディションを受けて入りますが、欠員が少なく狭き門です。声楽家は、音楽大学や大学院、海外留学などで声楽を勉強し、オペラの団体や合唱団に所属したり、海外のコンクールで入賞したりして認められます。イタリア語、ドイツ語、フランス語の勉強も必要です。ピアノ調律師は、専門学校などで調律を学び、楽器メーカーや楽器店に就職するのが一般的です。絶対音感は特に必要ありません。作詞家や作曲家は、作品が評価されることが必要です。

ファッションデザイナー

ふくや ぼうしなど、身《み》に つける ものを デザインします。きせつごとに 新《あたら》しい デザインを 考《かんが》え、これから はやる ふくを つくりだします。

デザイナーは、ふくを 売《う》りだす きせつの 半年《はんとし》から 1年《ねん》くらい まえに、かたちや 色《いろ》、つかう がらなどを 考《かんが》える。

ファッションデザイナー

つかう ぬのや かざりなども きめる。

パタンナー

デザインに あわせて、ぬのを どのように 切《き》って ぬいあわせるかを 考《かんが》え、かたがみを つくります。

ソーイングスタッフ

かたがみを もとに、ふくを つくります。

できあがった ふくを よく 見《み》て、細《こま》かく なおす。

売《う》りだす まえに、会社《かいしゃ》や 店《みせ》で てんじ会《かい》などを ひらき、たくさんの 人《ひと》たちに 買《か》って もらえるように せんでんします。

バイヤー
店《みせ》で 売《う》れそうな ふくを 見《み》つけて しいれます。

プレス
新《あたら》しい ふくを せんでんします。カタログを つくって くばり、てんじ会《かい》を ひらいて たくさんの 人《ひと》たちに 見《み》せます。
新《あたら》しい ふくを かしだして、ざっしの モデルや テレビの タレントに きてもらう。
スタイリスト（↓114ページ）
編集者《へんしゅうしゃ》（↓125ページ）

おうちのかたへ

ファッションデザイナーになるには、大学や専門学校で服飾の勉強をし、アパレルメーカーやデザイナーの事務所に勤めるのが一般的です。自分でブランドを立ち上げる人もいます。デザイナーは、デザイン画を具体的な形に結びつけるパタンナー、縫製するソーイングスタッフと常に協力しながら新しい服を完成させます。プレスは、メーカーやブランドの広報部門に入るか、販売などで経験を積んでからなることが多いようですが、服飾の豊富な知識や高い交渉能力が求められます。

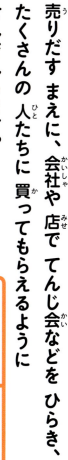

ヘアメイクアップアーティスト

その人《ひと》が すてきに 見《み》えるように
かみを ととのえ、けしょうを します。
ふくや 場面《ばめん》に あわせて、かみがたや けしょうを
くふうします。

けしょうブラシ
ドライヤー
ヘアアイロン
メイクボックス
さつえい
きせつや テーマに あわせ、きれいに うつるように くふうする。

スタイリスト

ざっしや テレビ、映画《えいが》などで、モデルや タレントが
きる ふくや くつ、アクセサリーなどを えらびます。
組《く》みあわせを いろいろ 考《かんが》えて よういします。

ふくが きれいに 見《み》えるよう、アイロンを かける。
たくさんの ふくを かりて よういする。

モデル

新《あたら》しい ふくや くつ、ぼうし、
アクセサリーを 身《み》に つけて、
ショーや ざっしで たくさんの
人《ひと》たちに 見《み》せます。
身《み》に つけたものが
すてきに 見《み》えるように
からだや かみを
美《うつく》しく たもちます。

ファッションショー
モデルが 新《あたら》しい ふくを きて たくさんの 人《ひと》たちに 見《み》せる。

ウォーキング
美《うつく》しく 歩《ある》くこと。

ポージング
きれいに 見《み》えるように たつこと。

ファッションショーの ぶたいうら

おうちの かたへ

ヘアメイクアップアーティストは、写真スタジオや舞台、結婚式場などで活躍し、映画などで特殊メイクを担当する人もいます。大量のメイク道具を持ち歩くため、体力も必要な仕事です。スタイリストは、交渉能力や管理能力、細かい気配りが求められる仕事で、ファッションの最新情報のチェックも欠かせません。どちらも、専門学校などで基礎を学び、事務所に勤めることが多く、経験を積んでフリーになる人もいます。モデルは、モデル事務所に入るのが一般的なスタートです。

インテリアデザイナー

たてものや のりものの なかを
デザインします。家《いえ》や 会社《かいしゃ》、店《みせ》、電車《でんしゃ》、飛行機《ひこうき》、
車《くるま》など、デザインするところは さまざまです。
おしゃれなだけでなく、お年《とし》よりや
しょうがいの ある 人《ひと》にとって
つかいやすくすることも たいせつです。

家具《かぐ》や あかりで
店《みせ》を えんしゅつする

のりものの 室内《しつない》を
デザインする

インテリア コーディネーター

家具《かぐ》や カーテン、
あかりなど へやに
おくものを
えらびます。
おく いちや 色《いろ》の
組《く》みあわせなどを
考《かんが》えて えらびます。

お客《きゃく》さんと いっしょに
ショールームに
行《い》くことも ある。

かぐしょくにん

家具職人

テーブルや いすなどの
家具《かぐ》を
つくります。
家具《かぐ》の しゅうりを
することも あります。

くうかんデザイナー

空間デザイナー

美術館《びじゅつかん》や 広場《ひろば》、イベントの 会場《かいじょう》など
さまざまな しせつの 空間《くうかん》を、
もくてきに あわせて デザインします。

広場《ひろば》を つくる
どんな人《ひと》にとっても
ここちよい 場所《ばしょ》に する。

ショーウィンドーを かざる
ショーウィンドーに
いろいろなものを かざって 見《み》せる。

ぞうえんぎょう

造園業

庭《にわ》や 公園《こうえん》などを 設計《せっけい》して つくります。
つくった あとも 手《て》いれを して、きれいに
たもちます。

庭《にわ》を つくる
その場所《ばしょ》に あった
草木《くさき》や 石《いし》を えらんで
いちを きめる。

庭《にわ》の 手《て》いれを する
のびた 木《き》の えだを 切《き》り、
がい虫《ちゅう》を おいはらう。

おうちのかたへ

インテリアデザイナーは主に内装や家具、空間デザイナーは室内外の空間をデザインしますが、明確な区別はありません。住まいや建物に関わる仕事には、大学や専門学校で建築やデザインを学んでおくと役立ちます。その後、建築系の会社や家具メーカー、デザイン事務所などに就職し、経験を積みます。建築士やインテリアコーディネーターの資格も役立ちます。造園業に携わるには、造園や土木について学び、造園会社に入ります。造園技能士や造園施工管理技士の資格が役立ちます。

りょうりにん（シェフ・コック）

料理人（シェフ・コック）

お客《きゃく》さんの ちゅうもんを うけて りょうりを つくります。しょくざいの しいれ、じゅんび、ちょうり、もりつけなど たくさんの しごとが あります。りょうり長《ちょう》は メニューを つくり、あじを きめます。

ちょうり場《ば》
コックコート

いろいろな りょうり

フレンチ

フランスの りょうり。コースりょうりは、あらたまった せきで だされることも 多《おお》い。

コーンポタージュ
ポトフ

イタリアン

イタリアの りょうり。ピザや パスタの ほかにも いろいろな りょうりが ある。

ピザ
パスタ

ちゅうかりょうり

ちゅうごくの りょうり。つばめの 巣《す》など めずらしい ざいりょうを つかう りょうりも ある。

えびの チリソース
すぶた

いたまえ
板前

日本《にほん》りょうりを つくる
りょうり人《にん》です。
きせつの ざいりょうを いかし、
だしの とりかた、もりつけの
しかたを くふうします。

板長《いたちょう》
店《みせ》の りょうりの
せきにんしゃ。
花板《はないた》とも よばれる。

わんかた
だしを とり、
しるものを つくる。

にかた
にものを
つくる。

ソムリエ

レストランや ホテルなどで、
お客《きゃく》さんの このみや
りょうりに あう ワインを
えらんで、すすめます。
ワインの しゅるいや
つくられたところ、
あじなどについて 勉強《べんきょう》
することが たいせつです。

ソムリエナイフ
ワインの せんを
あける 道具《どうぐ》。

とうじ
杜氏

しょくにんたちを まとめ、
日本酒《にほんしゅ》を つくる せきにんしゃです。
ざいりょうの 米《こめ》から 日本酒《にほんしゅ》が
できるまでの あいだ、
休《やす》まず ようすを 見《み》て
あじや かおりを
たしかめます。

かいぼう
まぜるための
ぼう。

おうちのかたへ

料理人になるには、多くの場合、調理師専門学校で学び、飲食店で修業を積みます。外国のレストランで修業する人もいます。調理師専門学校を卒業すると、調理師免許を取得でき、料理人として就職する際、役立ちます。

板前は、料亭や割烹料理店で、追い回しと呼ばれる雑用から修業を始めるのが一般的です。杜氏になるには酒造会社に就職するのが一般的で、大学などで醸造について学んでから働く人もいます。杜氏とは、酒をつくる職人を指すこともあります。

すしょくにん
寿司職人

お客《きゃく》さんの ちゅうもんに あわせて すしを つくります。店《みせ》を あける まえに すしめしを つくり、魚《さかな》を さばいて じゅんびを します。お客《きゃく》さんが すしを 食《た》べながら 気持《きも》ちよく すごせるように 気《き》を くばります。

タネ
すしの ざいりょうの 魚《さかな》や 貝《かい》。おいしい タネは きせつに よって かわる。
まきす
のりまきなどを つくる。

わがししょくにん
和菓子職人

だんごや まんじゅう、きせつに あわせて つくる 美《うつく》しい なま菓子《がし》など、日本《にほん》に むかしから つたわる お菓子《かし》を つくります。たくさんの さとうを はこんだりするので、力《ちから》も いります。

あん
あずきなどを にて、さとうを 入《い》れて ねったもの。あんこ。
きがた
あんなどを 入《い》れて かたちを つくる。
おだまき
生地《きじ》を 細《ほそ》く しぼりだすときに つかう。
ねりきり
あんや もちこを ねって まとめたもの。

りょうりけんきゅうか

料理研究家

新《あたら》しい りょうりを 考《かんが》えて、 しょうかいします。
りょうり教室《きょうしつ》で 教《おし》えたり、 ざっしや 本《ほん》に
つくりかたを のせたり、 テレビ番組《ばんぐみ》に でて
りょうりを つくったりします。 あじだけでなく
見《み》ためにも 気《き》を くばります。

りょうりと いっしょに
つくりかたも しょうかいする。

りょうり番組《ばんぐみ》では、 時間内《じかんない》に
できあがるように、
したごしらえや つくりかたを
くふうする。

フードコーディネーター

りょうりや 食《た》べものに かかわる いろいろな
しごとを します。 テレビや えいがや
ポスターなどでは、 食事《しょくじ》の 場面《ばめん》や りょうりが
おいしそうに 見《み》えるよう くふうします。

食《た》べものの 会社《かいしゃ》で
新《あたら》しい 商品《しょうひん》を
つくるときに
いけんを いう。

レストランや
ホテルの 新《あたら》しい
メニューを 考《かんが》える。

おうちの かたへ

寿司職人になるには、寿司店に就職して、修業を積みます。自分で店を持つ際は、調理師免許が役に立ちます。和菓子職人になるには、和菓子店や和菓子製造会社に就職します。製菓専門学校で学んでから、働く人もいます。菓子製造技能士や製菓衛生師の資格が役立ちます。

料理研究家とフードコーディネーターは、両方兼ねている人もいます。大学や専門学校で調理や栄養について学ぶことや、管理栄養士やフードコーディネーターの資格が役立ちます。

まんがか
漫画家

物語《ものがたり》や キャラクターを つくり、物語《ものがたり》に そって こまに わけて 絵《え》を かきます。読《よ》む 人《ひと》の 心《こころ》を つかめるように、キャラクターの せりふや 絵《え》の 見《み》せかたを くふうします。

ネーム
物語《ものがたり》の あらすじに そって、せりふや 絵《え》を どのように こまに わけるかを かいたもの。

こま
わくで くぎられた ひとつひとつの 絵《え》。ページの なかに どの 大《おお》きさで どのように こまを おくか きめることを こまわりと いう。

ペン入《い》れ
ネームを もとに して かいた したがきの うえから ペンで かく。パソコンで しあげる ことも ある。

しりょう（本《ほん》）
くもがたじょうぎ
インク
ネコ百科
ペン
けしゴム
えんぴつ
げんこう
羽《はね》ぼうき
しりょう（写真《しゃしん》）

さっか

作家

小説《しょうせつ》や 童話《どうわ》など、文章《ぶんしょう》を 書《か》いて
たくさんの 人《ひと》に 読《よ》んでもらえる
作品《さくひん》を つくります。

しょうせつか

小説家

そうぞう力《りょく》を はたらかせて
登場人物《とうじょうじんぶつ》や 物語《ものがたり》を
つくりだし 文章《ぶんしょう》に します。

ノンフィクションさっか

ノンフィクション作家

ほんとうに あったことについて、
話《はなし》を 聞《き》いたり
しらべたりして、
文章《ぶんしょう》に まとめます。

えほんさっか

絵本作家

絵本《えほん》の 絵《え》や
物語《ものがたり》を かきます。

じどうぶんがくさっか

児童文学作家

童話《どうわ》など
子《こ》どもたちのための
物語《ものがたり》を 書《か》きます。

ほんやくか

翻訳家

外国語《がいこくご》の 文章《ぶんしょう》を
日本語《にほんご》の 文章《ぶんしょう》に します。
もとの 文章《ぶんしょう》の
いみを くみとって、
つかう ことばを
えらび、ひょうげんを
くふうします。

おうちのかたへ

漫画は、一人で描く、他の人が原案を作る、アシスタントと手分けするなど、さまざまな描き方があり、パソコン上で描く人も増えています。漫画家や作家は、出版社に作品を持ち込んだり、新人賞を受賞してデビューすることが多いようです。なお、作家には美術の作家などもいますが、ここでは文章の作家をとりあげています。翻訳とは本来は、ある言語を別の言語に直すことを意味します。文芸翻訳以外にも、ビジネス関係の実務翻訳や、吹き替えや字幕のための映像翻訳もあります。

イラストレーター

本《ほん》や ざっし、ポスターや インターネットの ウェブサイトなどで つかわれる 絵《え》（イラスト）を かきます。手《て》で かくだけでなく、パソコンを つかって かいたり、色《いろ》を ぬることも あります。

本《ほん》や ざっし
ウェブサイト
ほん
ポスターや パンフレット

カメラマン

人《ひと》や けしき、食《た》べものなど、いろいろなものの 写真《しゃしん》を とります。とるものによって カメラの レンズや 光《ひかり》の あてかたを かえて 美《うつく》しく とれるように くふうします。七五三《しちごさん》や 入学式《にゅうがくしき》、けっこん式《しき》などで きねん写真《しゃしん》を とることも あります。

レフ板《ばん》
写真《しゃしん》が あかるく うつるように 光《ひかり》を はねかえして あてる 板《いた》。
ライト
カメラ

へんしゅうしゃ
編集者

新《あたら》しい 本《ほん》や ざっしを つくる 計画《けいかく》を たてて、いろいろな 人《ひと》に しごとを たのみます。文章《ぶんしょう》を 書《か》く 人《ひと》、絵《え》を かく 人《ひと》、本《ほん》の デザインを する 人《ひと》、本《ほん》を いんさつする 人《ひと》など、たくさんの 人《ひと》たちと きょうりょくして つくります。

しゅざいに 行《い》くことも ある。

文字《もじ》や ないようの まちがいが ないか かくにんする。

エディトリアルデザイナー

本《ほん》や ざっし、カタログなどを デザインします。文字《もじ》や 絵《え》、写真《しゃしん》などの 大《おお》きさや 色《いろ》、いちなどを 考《かんが》え、読《よ》みやすく きれいに 見《み》えるように つくります。

そうていか
装丁家

本《ほん》の カバーや ひょうしの 絵《え》や 文字《もじ》、つかう 紙《かみ》などを きめて デザインします。エディトリアルデザイナーが することも あります。

おうちのかたへ

イラストレーターは、美術系の大学や専門学校で学び、フリーで働くことが多いですが、デザインやゲームの会社に勤める人もいます。デザイナーを兼ねる人もいます。カメラマンは、スタジオに勤めたり、アシスタントになったりして修業を積み、広告、報道、スポーツ、水中、風景など、専門分野を中心に働きます。編集者は出版社や編集プロダクション、エディトリアルデザイナーはデザイン事務所に勤めることが多いです。どの仕事でも、勤めながら力をつけて独立する人がいます。

しんぶんきしゃ

新聞記者

よのなかで おきていることを
しらべて、新聞《しんぶん》に のせる
文章《ぶんしょう》(記事《きじ》)を 書《か》きます。
じけんや じこ、
せいじや スポーツなど、
きまった はんいを うけもって
しらべます。話《はなし》を 聞《き》いたり、
しりょうを あつめたりして、
すばやく せいかくに 記事《きじ》に
まとめます。

ジャーナリスト

じけんや せいじ、
よのなかで わだいに
なっていることについて
よく しらべて、本《ほん》に
まとめたり、テレビ番組《ばんぐみ》で
せつめいしたりします。
しらべたことだけでなく、
自分《じぶん》の 考《かんが》えも 入《い》れて
わかりやすく まとめます。

ライター

本《ほん》や ざっし、ウェブサイトなどに
のせる 文章《ぶんしょう》を 書《か》きます。
いろいろなことを しらべながら、
テーマに あわせて 文章《ぶんしょう》を
まとめます。
読《よ》む 人《ひと》たちに
よく つたわるように
くふうして 書《か》きます。

こうえつしゃ

校閲者

本《ほん》や ざっし、新聞《しんぶん》などに
のせる 文章《ぶんしょう》に、まちがいが
ないか かくにんします。
書《か》いてあることが
ほんとうか、
ことばづかいが 正《ただ》しいかを
ひとつひとつ たしかめます。
まちがいが あったら、
赤《あか》い 字《じ》で なおします。

本《ほん》が 書店《しょてん》に ならぶまでには、たくさんの
人《ひと》が かかわっています。

しゅっぱんしゃ
出版社

本《ほん》を 売《う》り出《だ》す 出版社《しゅっぱんしゃ》の 編集者《へんしゅうしゃ》が 計画《けいかく》を たてて、新《あたら》しい 本《ほん》を つくる。

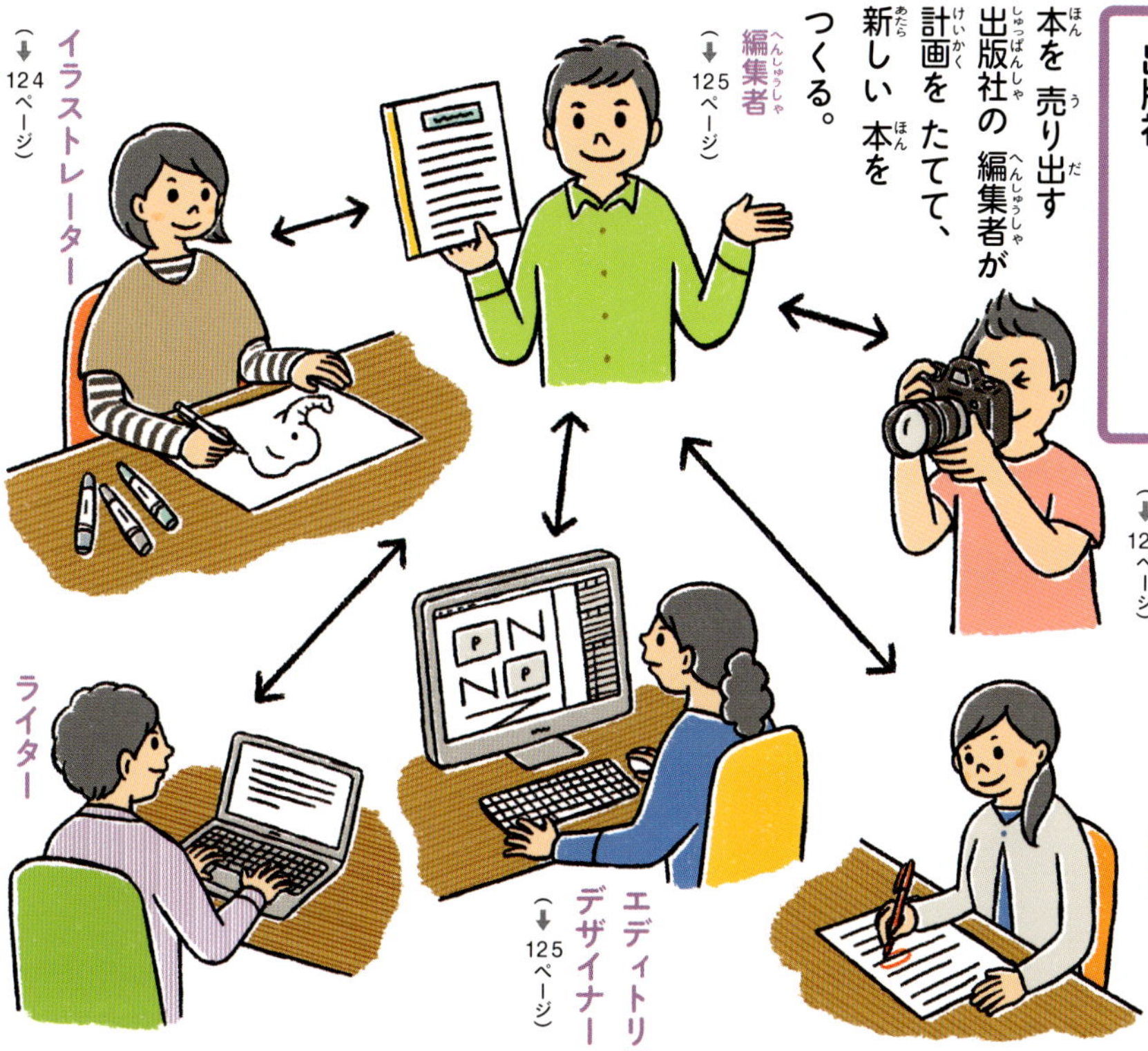

編集者《へんしゅうしゃ》
（➡125ページ）
カメラマン
（➡124ページ）
イラストレーター
（➡124ページ）
ライター
エディトリアルデザイナー
（➡125ページ）
校閲者《こうえつしゃ》

いんさつがいしゃ
印刷会社

本《ほん》に する データなどを 出版社《しゅっぱんしゃ》から うけとって、紙《かみ》に いんさつする。

せいほんがいしゃ
製本会社

いんさつされた 紙《かみ》を 切《き》って とじて、本《ほん》の かたちに する。

はんばいがいしゃ（とりつぎがいしゃ）
販売会社（取次会社）

出版社《しゅっぱんしゃ》から 本《ほん》を しいれて、書店《しょてん》に おくる。

おうちのかたへ

ジャーナリストは、新聞社やテレビ局で経験を積んだ後に、フリーになって、各種の報道の仕事をするケースが多いようです。ライターは、出版社や編集プロダクションを経て独立する人が大半のようです。校閲者は、新聞社や出版社のほか、印刷会社や校閲専門の会社でも働いています。

本を書店に配本するのは、本の物流業者である販売会社（取次）です。配本数は、出版社の要望を踏まえながら、過去の実績を見て販売会社で決めています。

としょかんししょ
図書館司書

図書館《としょかん》の 本《ほん》を かんりします。
本《ほん》を かしだしたり、本《ほん》を さがすのを
手《て》つだったり、どんな本《ほん》で
しらべれば よいか そうだんに
のったりします。

本《ほん》の かしだしや
へんきゃくの
手《て》つづきを する。

パソコンで、
図書館《としょかん》に ある 本《ほん》の
データを つくったり、
しらべたりする。

本《ほん》を せいりして ならべる

本《ほん》を、ぶんるいきごうの
ばんごうじゅんに ならべる。

Y913.6
シ

ぶんるいきごう
何《なに》についての 本《ほん》なのかを
しめす ばんごうや きごう。

新《あたら》しい 本《ほん》を 買《か》う

りようする 人《ひと》の きぼうも
考《かんが》えて、新《あたら》しく 買《か》う
本《ほん》を きめる。新《あたら》しい
本《ほん》に ぶんるいきごうの
シールを はり、よごれを
ふせぐ ビニールを つける。

てんじコーナーを つくる

いろいろな テーマを
考《かんが》えて、
本《ほん》を あつめて
しょうかいする。

がくげいいん
学芸員

はくぶつかんや びじゅつかんで しりょうを あつめ、てんじします。てんらん会《かい》を ひらいたり カタログを つくったりして たくさんの 人《ひと》たちに ちしきを 広《ひろ》めます。

てんらん会《かい》を 計画《けいかく》する

たくさんの 人《ひと》たちに 見《み》てもらえる テーマを 考《かんが》える。てんじするものを、ほかの はくぶつかんなどからも かりたりして じゅんびする。

しりょうを かんりする

あつめた びじゅつひんや しりょうを、長《なが》く のこすため、温度《おんど》や 光《ひかり》などに 気《き》を くばって かんりする。

ちょうさや けんきゅうを する

せんもんの ちしきを いかし、しりょうを ちょうさする。ろんぶんを 書《か》くことも ある。

さまざまな 場所《ばしょ》で はたらく 学芸員《がくげいいん》

いきものを あつめて 見《み》せる 動物園《どうぶつえん》や 水族館《すいぞくかん》、植物園《しょくぶつえん》でも 学芸員《がくげいいん》が はたらいています。

おうちのかたへ

図書館司書は、地域の図書館のほか、学校や企業の図書館、図書室でも働いていて、読み聞かせなどを企画することもあります。大学の司書課程で学ぶか、司書講習を受けて資格を取ります。学芸員の資格は、大学で必要科目を学び取得するのが一般的です。

博物館とは、歴史や芸術、自然科学の資料を収集、整理、保管、展示、研究する施設で、美術館や動物園、水族館、植物園も含まれます。動・植物園、水族館は、生き物の研究をし、生き物によい環境づくりや、展示の工夫をしています。

がか 画家

自分《じぶん》が 見《み》たものや かんじたことなどを 絵《え》に あらわし、作品《さくひん》を つくります。つかう 道具《どうぐ》や ざいりょうによって 絵《え》の しゅるいは さまざまです。

油絵《あぶらえ》

木《き》の 板《いた》や、カンバスと いう ぬのに、油絵《あぶらえ》の具《ぐ》で 絵《え》を かく。外国《がいこく》から つたわった かきかた。

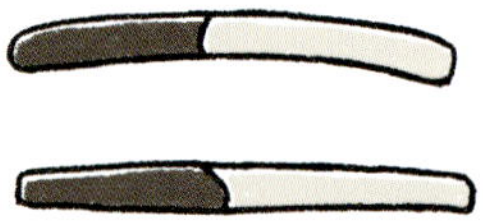

もくたん

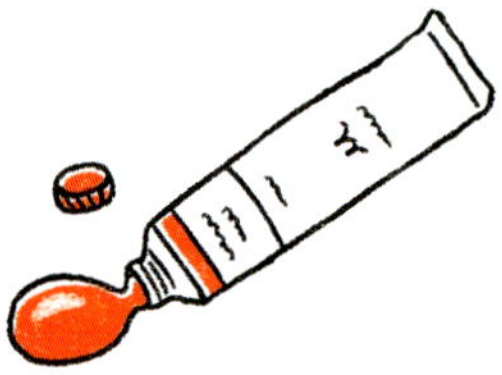

油絵《あぶらえ》の具《ぐ》
油《あぶら》を まぜて つくる 絵《え》の具《ぐ》。

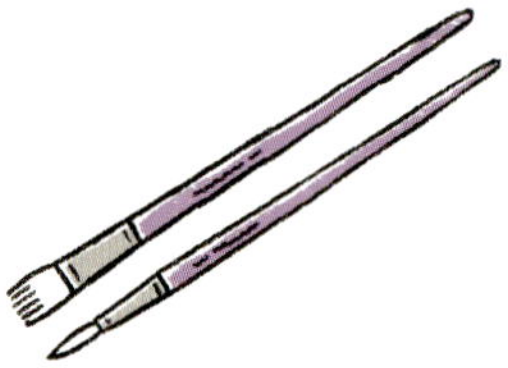

ふで

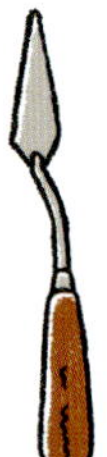

ペインティングナイフ

パレットナイフ

日本画《にほんが》

紙《かみ》や きぬに 岩絵《いわえ》の具《ぐ》で 絵《え》を かく。

すみ

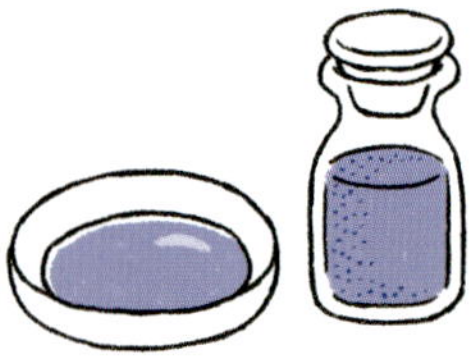

岩絵《いわえ》の具《ぐ》
岩《いわ》や 石《いし》から つくる 絵《え》の具《ぐ》。

ふで

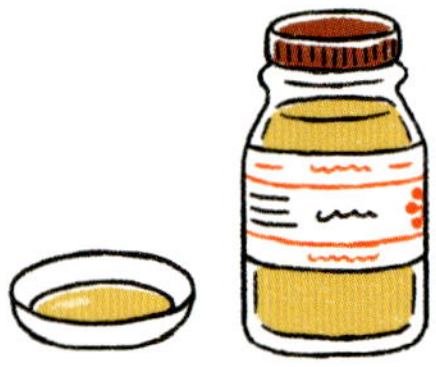

にかわ
岩絵《いわえ》の具《ぐ》に まぜて つかう。

ちょうこくか
彫刻家

木《き》や 石《いし》、金《きん》ぞくなどを ほったり けずったり
かためたりして、作品《さくひん》を つくります。
公園《こうえん》や 道《みち》、ビルなどに おく 大《おお》きな 作品《さくひん》を
つくることも あります。

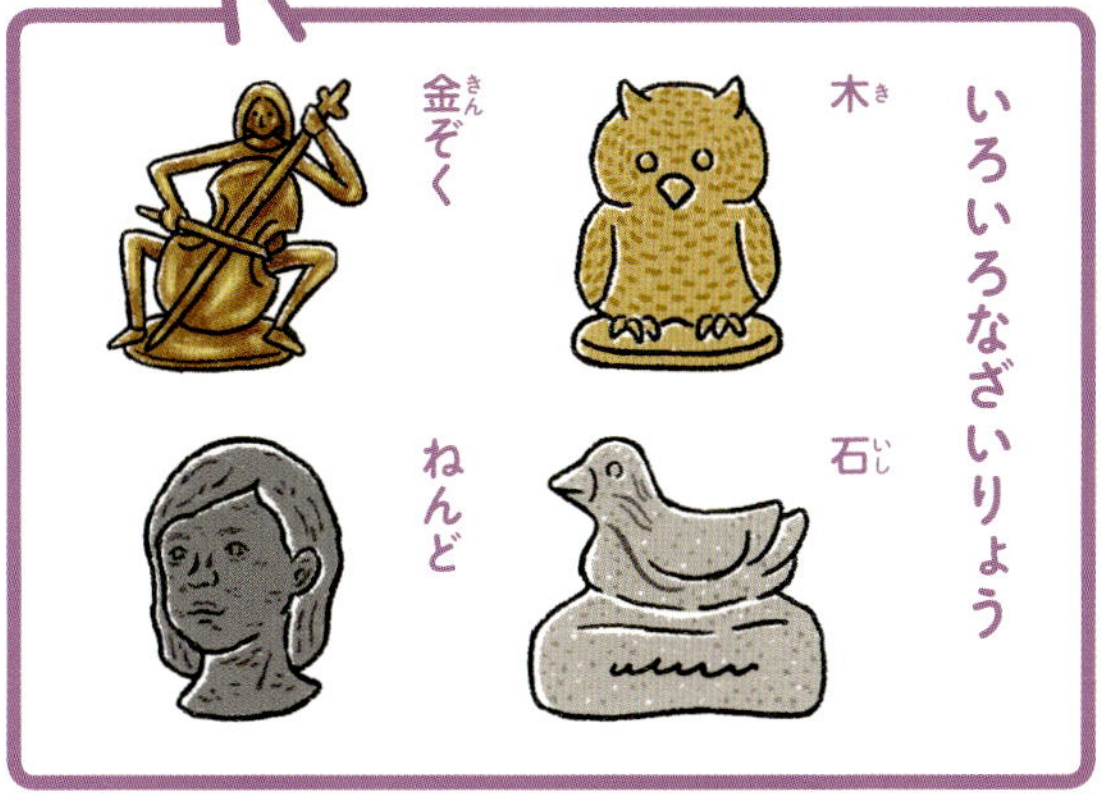

びじゅつしゅうふくか
美術修復家

古《ふる》くなって 色《いろ》が かわったり きずついたりした
絵画《かいが》などを なおします。

きずついたところを
てんけんして、
もとは どうだったか
しらべる。

ほこりや
かびを おとし、
きずや あななどを
ていねいに なおす。
色《いろ》を ぬりなおすことも
ある。

おうちのかたへ

画家や彫刻家になるには、美術系の学校で基礎を学ぶのが一般的です。作品を認められ、その収入で生活ができる人はわずかで、多くの場合、教師など創作以外の仕事をしながら制作を続けます。美術品や文化財の修復家は、専門課程のある大学、大学院、専門学校で学び、修復の工房に入って修業します。よりよい修復をするには、絵画、彫刻の技法や修復用の薬品についての知識、多くの経験が求められます。修理技術者資格制度による技術評価もあります。

はなびしょくにん

花火職人

火薬《かやく》を つかって 花火《はなび》を つくり、うちあげます。空《そら》に あがったときの 色《いろ》や かたちを 考《かんが》え、うちあげる じゅんばんを くふうして、見《み》る 人《ひと》を 楽《たの》しませます。

花火《はなび》の うちあげ
うちあげづつ
つつの そこに 花火《はなび》を うちあげるための 火薬《かやく》が 入《はい》っている。
コンピューターを つかって、とおくから たくさんの 花火《はなび》を うちあげる。

花火玉《はなびだま》を つくる
玉《たま》の はんぶんに 色《いろ》の じゅんばんを 考《かんが》えて 「星《ほし》」を つめる。うちがわに 火薬《かやく》を つめて はんぶんの 玉《たま》を あわせる。
星《ほし》
火薬《かやく》の つぶ。花《はな》びらのように 広《ひろ》がる ぶぶんに なる。
火薬《かやく》
玉《たま》かわ
そとがわに 紙《かみ》を はりつけて、強《つよ》くする。

うちあげの じゅんびを する
花火玉《はなびだま》
うちあげづつ

みやだいく
宮大工

神社《じんじゃ》や 寺《てら》、城《しろ》など、日本《にほん》の でんとうてきな たてものの しゅうりや たてなおしを します。すぐれた わざで、新《あたら》しく 寺《てら》などを たてることも あります。

木《き》を ほって やねの したの かざりを つくる。

わししょくにん
和紙職人

日本《にほん》で 古《ふる》くから つくられ、しょうじ紙《がみ》や ふすま紙《がみ》にも つかわれる 和紙《わし》を つくります。こうぞなどの 木《き》を にて やわらかくしたものを、うすく のばして かわかします。

すけた
和紙《わし》を すくって のばす 道具《どうぐ》。

ゆうぜんしょくにん
友禅職人

「ゆうぜん」という そめかたで、ぬのに もようを つけて そめます。もようを かいて そめる ほうほうと、かたがみを つかって そめる ほうほうが あります。

色《いろ》さし
もように 色《いろ》を つける。

おうちのかたへ

花火職人になるには、花火製造会社に入って修業を積みます。火薬を取り扱うための資格を取ると役立ちます。実際に花火を打ち上げるには、研修を受け、煙火消費保安手帳を取得します。宮大工には、東大寺など国宝の解体修理を担う名棟梁もいます。

手がき友禅は、一般的に、下絵をかく下絵師、下絵にのりを置くのり置き師、色を染める色さし職人などが手わけして作業します。ここにあげた伝統技術の職人になるには、会社や工務店、工房に入るか、職人に弟子入りして、長く修業を積みます。

さどうか
茶道家

まっ茶《ちゃ》を つくって 人《ひと》を もてなします。
また、茶《ちゃ》わんの もちかたや まっ茶《ちゃ》の つくりかた、さしだすときの どうさなど 茶道《さどう》の きまりごとを 教《おし》えます。
もてなす あいてへの 気《き》づかいや れいぎも つたえます。

水《みず》さし
ひしゃく
茶《ちゃ》わん
茶《ちゃ》せん
かま

かどうか
華道家

木《き》の えだや 草花《くさばな》を 切《き》って うつわに 美《うつく》しく いけます。
きせつに あわせて 花《はな》や うつわを えらび、切《き》りかた、いけかたを くふうします。
花《はな》の えらびかたや いけかたなど 華道《かどう》（いけ花《ばな》）の きまりごとや れいぎを 教《おし》えます。

けんざん
花器《かき》
はさみ

しょどうか
書道家

ふでで、文字《もじ》を 書《か》いて 作品《さくひん》を つくります。いろいろな 文字《もじ》の かたちを けんきゅうし、文字《もじ》の いみも 考《かんが》えて 書《か》きかたを くふうします。
かんばんの 文字《もじ》を 書《か》いたり、書道《しょどう》を 教《おし》えることも あります。

ふで
すずり
ぶんちん

とうげいか
陶芸家

土《つち》を こねて かたちを つくり、かまで やいて うつわや 花《か》びんなどの 作品《さくひん》を つくります。
つくるものに あわせて 土《つち》を えらび、色《いろ》や もようを つけます。絵《え》を かくものも あります。

ろくろ
まわしながら かたちを つくる 道具《どうぐ》。

おうちの かたへ

茶道家、華道家になるには、数多くある流派の一つに入門し、稽古を積んで免状・許状をもらいます。流派によって、稽古の課程は異なります。書道家は書家ともいい、先生について修業を重ね、作品を評価されることが必要です。テレビ番組や映画のタイトルを書くこともあります。茶道、華道、書道とも教授資格を取得すれば、自分の教室やカルチャーセンターで教えることができます。陶芸家になるには、陶磁器メーカーや工房に勤めるか、陶芸家について修業を積みます。

5 世界《せかい》と ちきゅうを ささえる

しぜんや いきものを まもる

けんきゅう・かいはつする

世界《せかい》で かつやくする

じゅういし
獣医師

動物《どうぶつ》の けがや 病気《びょうき》を ちりょうします。
動物《どうぶつ》は ぐあいが わるいところを
ことばで つたえられないので、
かいぬしから よく 話《はなし》を 聞《き》き、
動物《どうぶつ》の ようすを よく みます。

動物病院《どうぶつびょういん》
おもに ペットの 病気《びょうき》や けがを なおす。

ペットの ほかにも、さまざまな 動物《どうぶつ》を みる 獣医師《じゅういし》が います。

家畜《かちく》を みる
牧場《ぼくじょう》の 牛《うし》や 馬《うま》などの けがや 病気《びょうき》を なおす。出産《しゅっさん》の せわも する。

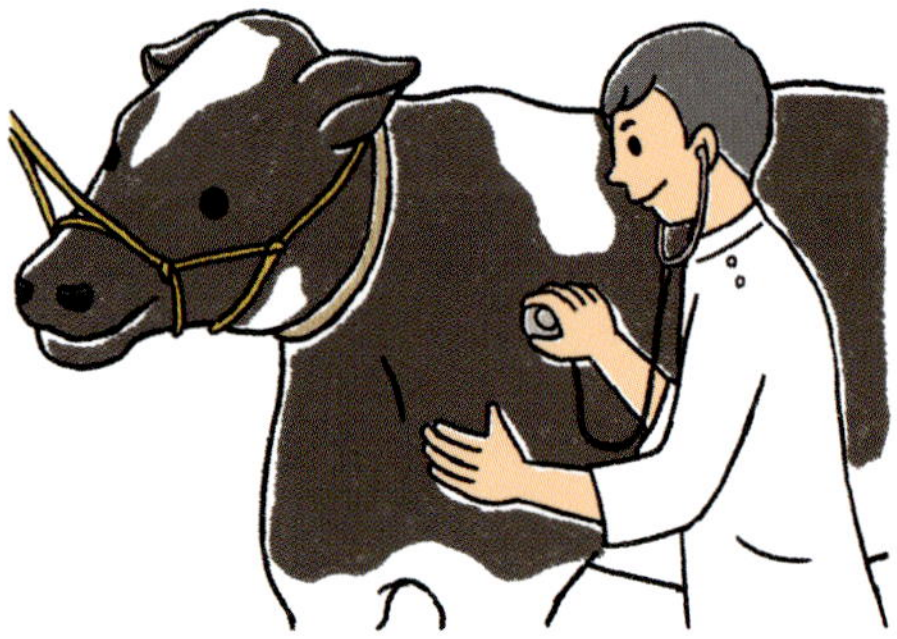

外国《がいこく》から 来《き》た 動物《どうぶつ》を みる
外国《がいこく》から 来《き》た 動物《どうぶつ》の けんこうしんだんを して、病気《びょうき》に なっていないか たしかめる。

野生動物《やせいどうぶつ》を みる
しぜんの なかで いきる 動物《どうぶつ》の 病気《びょうき》や けがを なおし、しぜんに かえす。

動物園《どうぶつえん》の 動物《どうぶつ》を みる
動物園《どうぶつえん》の 動物《どうぶつ》たちの けんこうを まもる。

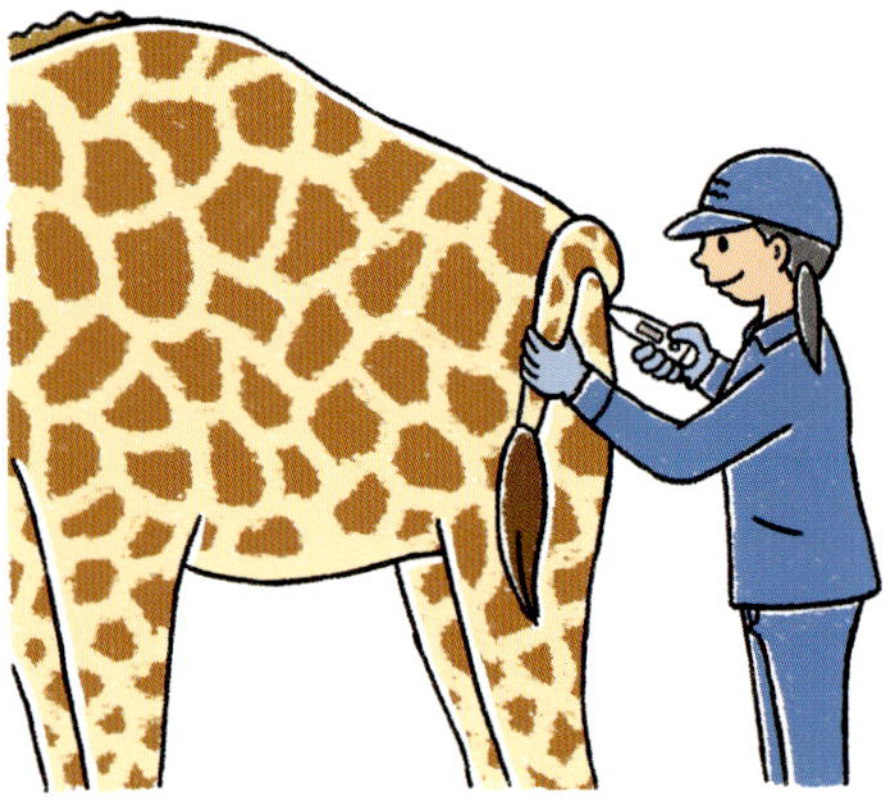

どうぶつえんの しいくがかり

動物園の 飼育係

動物園《どうぶつえん》の 動物《どうぶつ》の せわを します。毎日《まいにち》、えさを やり そうじを して、動物《どうぶつ》たちが けんこうに すごせるよう 気《き》を くばります。お客《きゃく》さんが 楽《たの》しめるように、動物《どうぶつ》たちの 見《み》せかたを くふうします。

毎日《まいにち》、きまった 時間《じかん》に えさを やる。お客《きゃく》さんに 見《み》せる ことも ある。

ふんの りょうや においを たしかめる。

かいせつ板《ばん》
動物《どうぶつ》の 名前《なまえ》や とくちょうなどを しめす。

すいぞくかんの しいくがかり

水族館の 飼育係

水族館《すいぞくかん》で、海《うみ》や 川《かわ》や 水《みず》べで くらす いきものの せわを します。毎日《まいにち》、水《みず》や 水《すい》そうを きれいに たもち、いきものたちが 元気《げんき》で すごせるよう 気《き》を くばります。いきものの ショーを 見《み》せる ことも あります。

ショーで 見《み》せる わざを 練習《れんしゅう》する。

水《すい》そうの そうじを する。

いきものに あわせて いろいろな しゅるいや りょうの えさを ようい して 食《た》べやすい 大《おお》きさに する。

おうちの かたへ

獣医師になるには、大学の獣医学部を卒業し、国家試験を受けて獣医師免許を取得します。獣医師は、治療や病気予防、繁殖、品種改良など、人と動物が暮らすうえでの重要な役割を担っています。動物園や水族館で働くには、大学や専門学校で、動物や海洋生物について学ぶことが役立ちます。飼育係になるには、地方公務員となり公立の施設に入るか、民間の園の運営会社に入ります。希少動物を繁殖させたり、動物の体調を見きわめて獣医師と連携したりすることも、重要な仕事です。

じゅもくい
樹木医

木《き》が けんこうか しらべ、よわっている ところが あれば、手当《てあ》てを します。道路《どうろ》や 公園《こうえん》、学校《がっこう》の 木《き》など、さまざまな 木《き》を ちりょうします。土《つち》や かんきょうに ついても、よく 知《し》っている ことが たいせつです。

カルテ
木《き》の かたちや よわっている ところなどを、きろくする。
木《き》づち
木《き》づちで みきを たたき、
音《おと》を 聞《き》いて 木《き》の
わるいところを 見《み》つける。
こうぼう
こうぼうを さしこんで、
木《き》の ねもとが
くさっていないか しらべる。

しぜんほごかん（レンジャー）
自然保護官（レンジャー）

国立公園《こくりつこうえん》で、いきものたちが すみやすい かんきょうを つくります。動物《どうぶつ》や 植物《しょくぶつ》の ようすを かんさつし、遊歩道《ゆうほどう》を てんけんして なおします。

パトロール
そうがんきょう

しぜんかんさつ会《かい》
しぜんの たいせつさを
つたえる。

きしょうよほうし
気象予報士

空《そら》の うえや 地上《ちじょう》の 気温《きおん》、しつど、風《かぜ》、雲《くも》の うごきなどを しらべて、どんな天気《てんき》に なるか よそうし、わかりやすく つたえます。

大雨《おおあめ》や 台風《たいふう》などは できるだけ はやく よそうして つたえる。

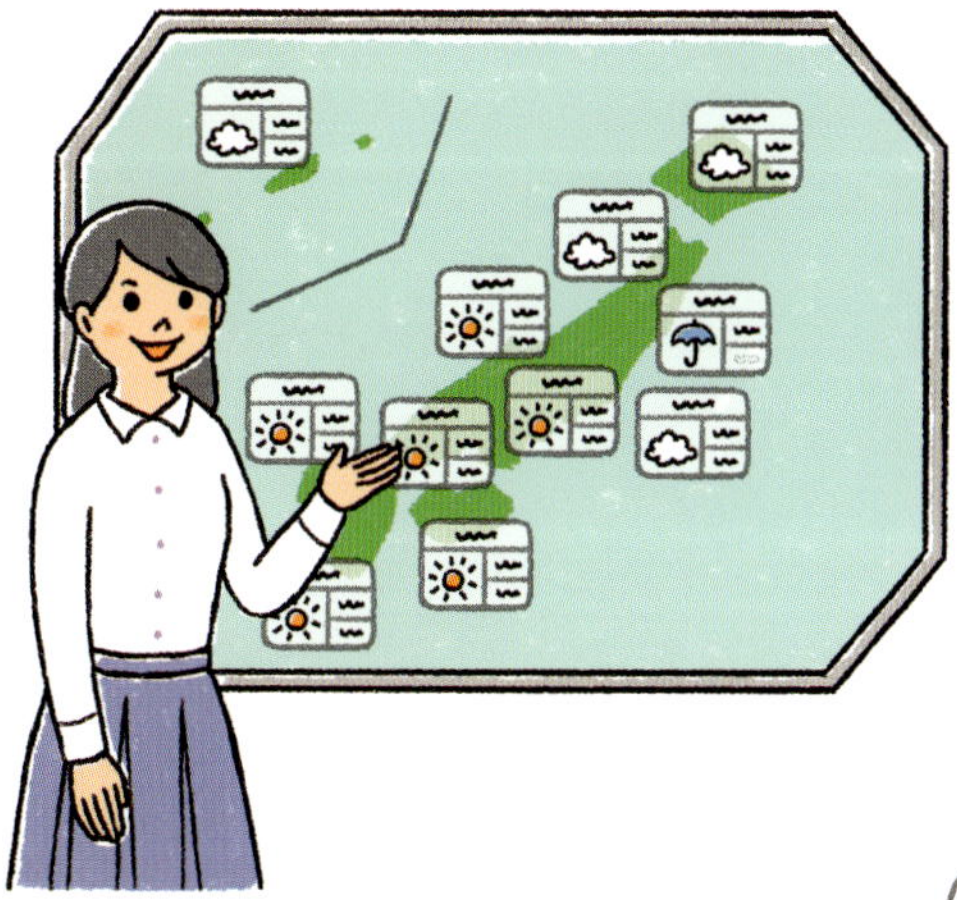

日本全国《にほんぜんこく》の 天気《てんき》よほうを 番組《ばんぐみ》で せつめいする。

いろいろな もくてきに あわせて 天気《てんき》よほうを つたえます。

船《ふね》や 飛行機《ひこうき》

商品《しょうひん》の しいれ

そとでの イベント

おうちのかたへ

樹木医は、造園や植栽管理の会社、大学、自治体などで働き、天然記念物も含めさまざまな樹木を扱います。樹木に関する実務を積んだ後、日本緑化センターの試験に合格して資格を得ます。自然保護官は環境省の職員で、レンジャーとも呼ばれます。

国家公務員試験に合格し環境省に採用された後、多くの場合は、経験を積んで国立公園への配属を待ちます。気象予報士になるには、国家試験に合格し、気象庁や気象会社に勤めるのが一般的です。受験資格に制限はありませんが、難易度の高い試験です。

うちゅうひこうし

宇宙飛行士

うちゅう船《せん》に のって うちゅうへ 行《い》って、
けんきゅうや じっけん、かんそくを します。
うちゅうで しごとを するために、ちきゅうで
きびしい くんれんを うけます。

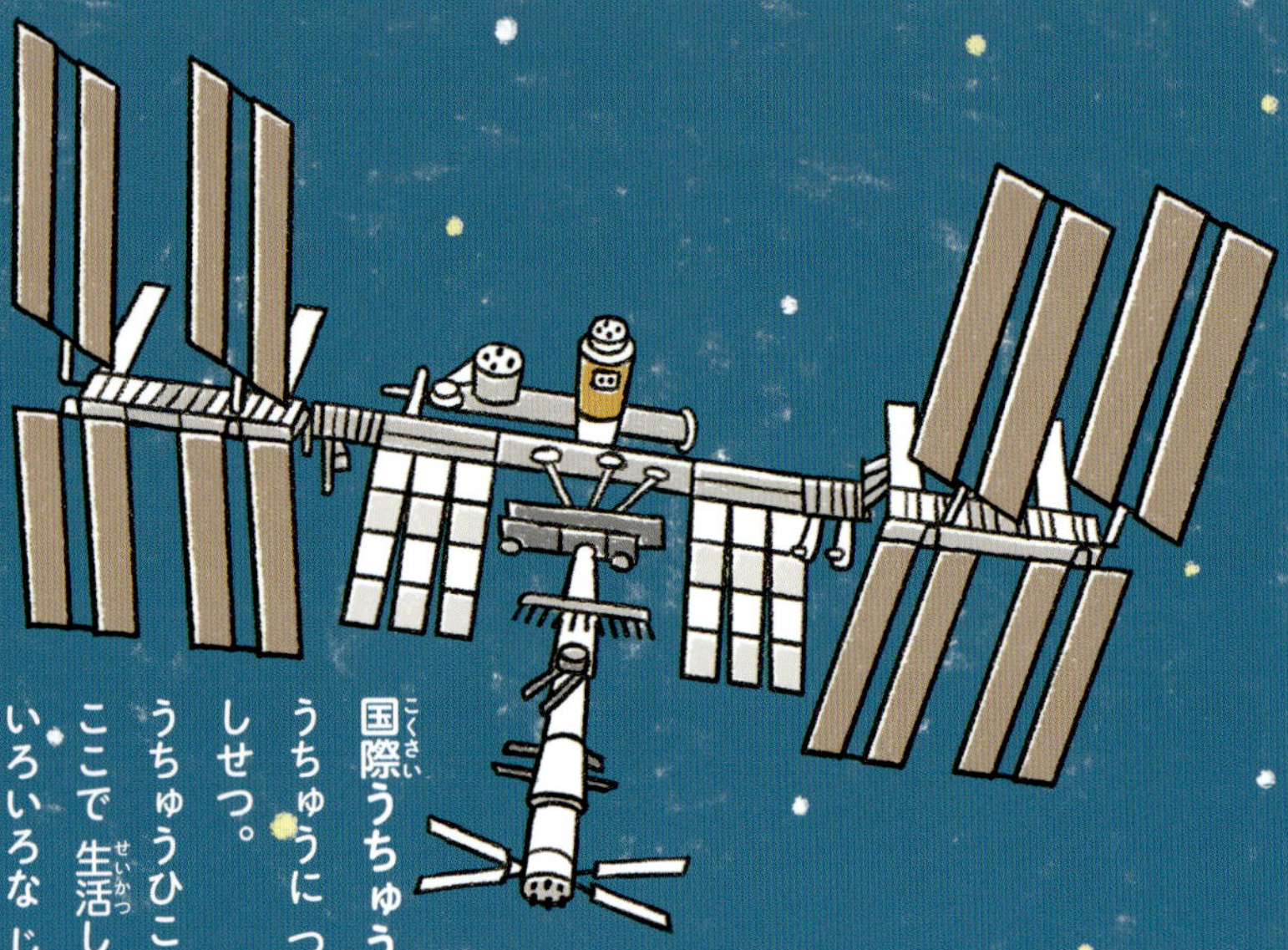

国際《こくさい》うちゅうステーション
うちゅうに つくられた しせつ。
うちゅうひこうしは、ここで 生活《せいかつ》して いろいろな じっけんを する。

うちゅう船《せん》

ヘルメット
太陽《たいよう》の 強《つよ》い 光《ひかり》を はねかえす。ライトや テレビカメラも ついている。
ヘッドセット
ちきゅうや うちゅう船《せん》に いる 人と 話《はな》を する そうち。
せいめいいじそうち
空気《くうき》が ない うちゅうで いきるための そうち。
うちゅうふく
うちゅうでの ものすごい あつさや さむさから からだを まもる。
グローブ

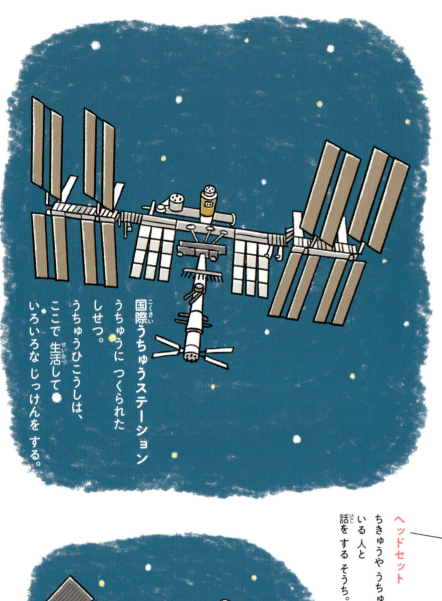

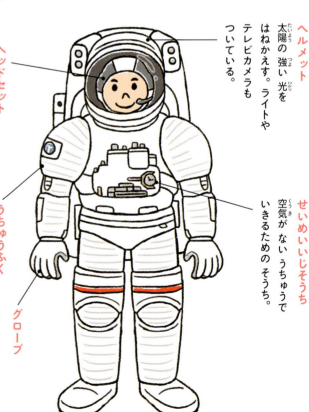

うちゅうステーションの組《く》みたて、しゅうり

うちゅう船《せん》の そとに でて うちゅうステーションを 組《く》みたてたり、しゅうりしたりする。

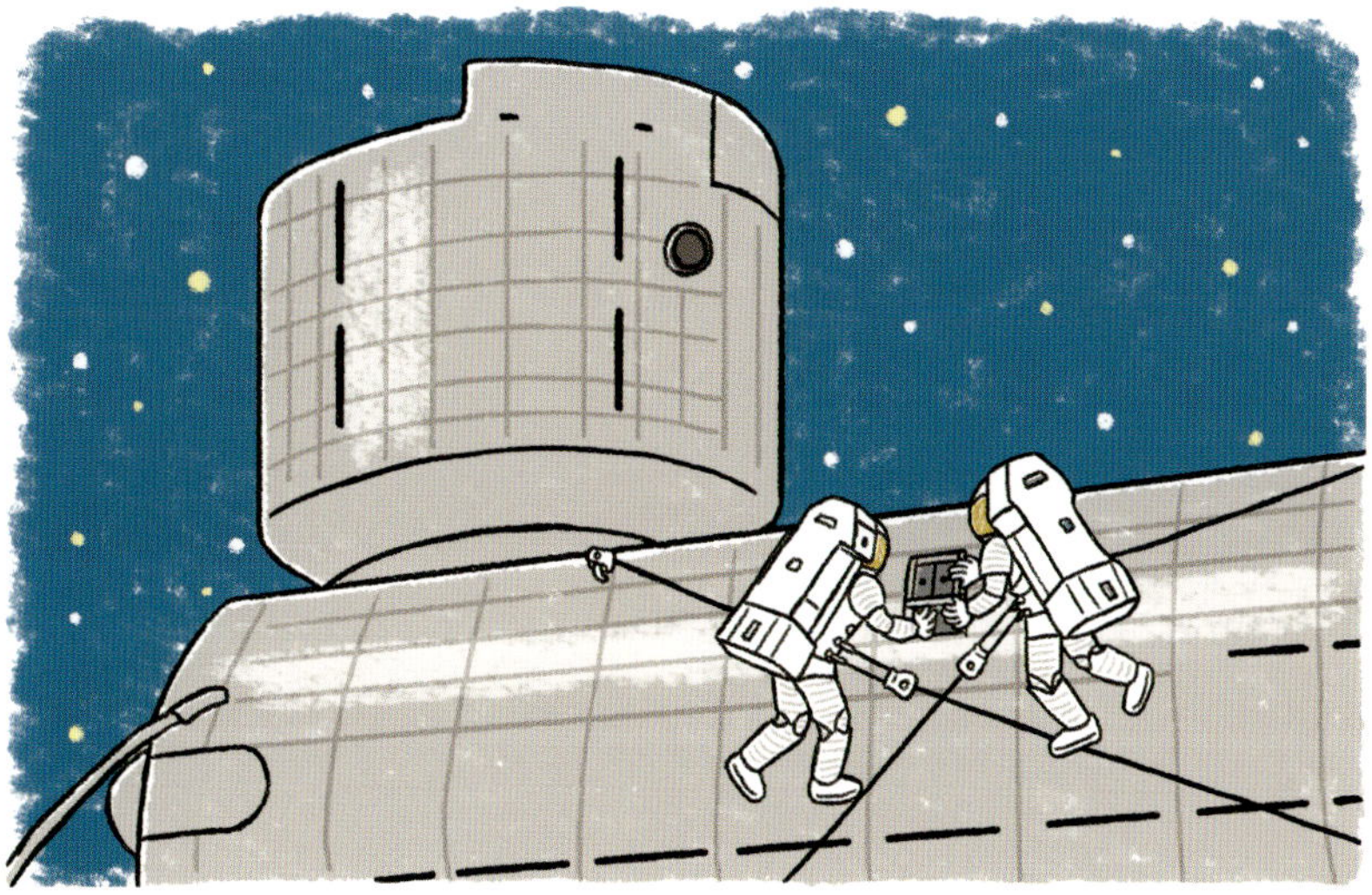

うちゅうでの じっけん、けんきゅう

うちゅうで 植物《しょくぶつ》などを そだてる じっけんや 人《ひと》が うちゅうで 生活《せいかつ》するための けんきゅうを する。

ちきゅうでの くんれんや じゅんび

うちゅうで かつどうするための 水中《すいちゅう》くんれんや じっけんの じゅんびを する。

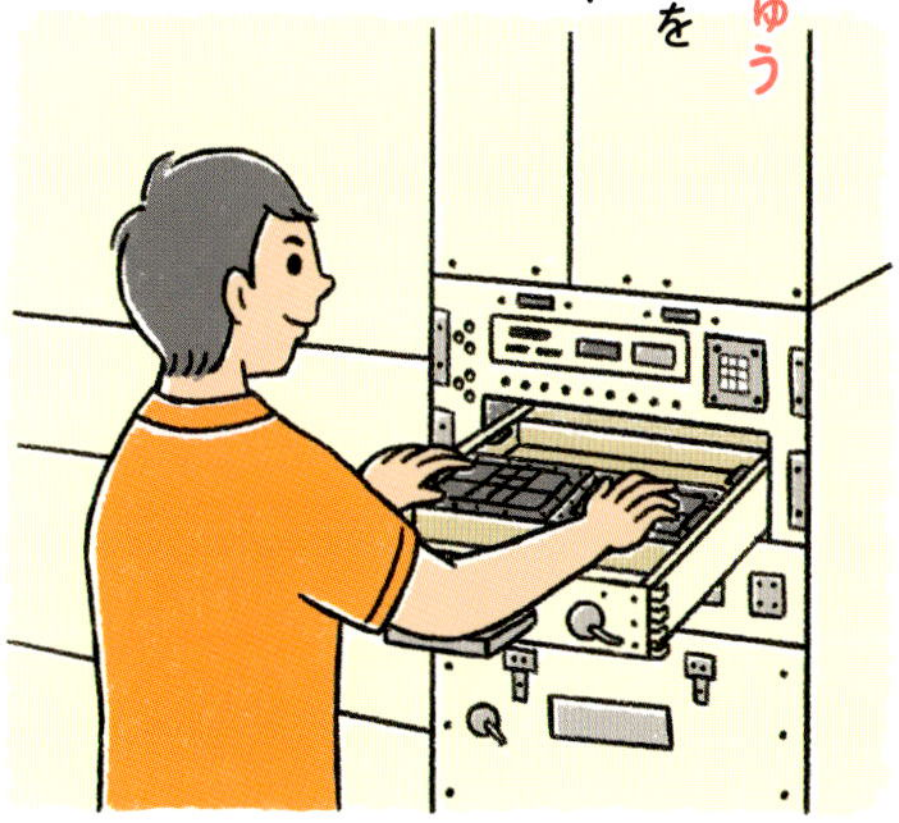

ジャクサで はたらく

JAXAで働く

ジャクサでは うちゅうたんさきや 人工《じんこう》えい星《せい》を つくって うちあげ、うちゅうや ちきゅうの けんきゅうを しています。また、しらべた データを くらしに やくだつように しています。

うちゅうたんさき

ちきゅうや ほかの 星《ほし》の ようすを しらべる。

人工《じんこう》えい星《せい》

ちきゅうの まわりを まわって いろいろなことを しらべる。天気《てんき》よほうなどにも やくだっている。

おうちのかたへ

宇宙飛行士になるには、宇宙航空開発研究機構（ＪＡＸＡ）の宇宙飛行士候補者の選抜試験を受けます。応募するには、大学を卒業し、科学や技術の専門知識を身につけている必要があります。合格後、さまざまな講義や厳しい訓練を受けます。宇宙飛行士は、各国の宇宙飛行士と協力するためのコミュニケーション能力、語学力も必要です。すべての課程の修了後、宇宙飛行士として選抜されます。ＪＡＸＡは、国立の研究開発法人で、宇宙の研究などを行い、日本の宇宙開発事業を牽引しています。

なんきょくかんそくたいいん

南極観測隊員

南極《なんきょく》に 行《い》って、空《そら》や 海《うみ》や じめん、雨《あめ》や 風《かぜ》、いきものなどの ようすを しらべます。けんきゅうする 人《ひと》たちだけでなく、りょうり人《にん》や、医師《いし》、せつびを たんとうする 人《ひと》たちも いっしょに 行《い》って、力《ちから》を あわせます。しらべたことは ちきゅうの けんきゅうに やくだてます。

南極《なんきょく》かんそく船《せん》
南極《なんきょく》に 隊員《たいいん》や にもつを はこび、かんそくに つかう 船《ふね》。

昭和《しょうわ》きち
日本《にほん》の かんそく隊《たい》が けんきゅうと 生活《せいかつ》を するところ。

てんもんだいで はたらく

天文台で 働く

天文台《てんもんだい》では、太陽《たいよう》や 月《つき》、星《ほし》などの ようすを かんさつして、うちゅうの けんきゅうを しています。また、ぼうえんきょうの 見学会《けんがくかい》や 星《ほし》の かんそく会《かい》を ひらいて、うちゅうについて 知《し》らせる かつどうも しています。

太陽《たいよう》の かつどうや 星《ほし》の ようすなど さまざまなことを けんきゅうしている。

かがくしゃ
科学者

しぜんの なかで おこる
さまざまなことについて、けんきゅうします。
じっけんや かんさつを して
はっけんしたことを はっぴょうします。

はっけんしたことを ろんぶんに まとめる。えいごで 書《か》くことも ある。

しらべたことを 学会《がっかい》で はっぴょうする。

いろいろな けんきゅう

さいせいいりょう

けがや 病気《びょうき》で うごかなくなった からだの ぶぶんを ふたたび はたらかせる ほうほうを けんきゅうする。

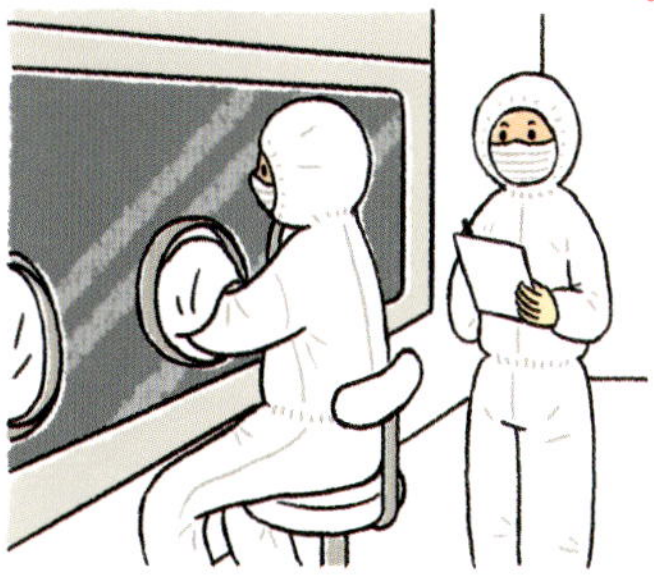

じしん

じしんが おこる しくみや、じしんが おきたときの さいがいに ついて けんきゅうする。

しぜんエネルギー

太陽《たいよう》や 風《かぜ》など しぜんの 力《ちから》を つかう ほうほうを けんきゅうする。

ノーベル賞《しょう》

世界《せかい》の 人《ひと》びとの やくに たつことを した 人《ひと》に あたえられる 賞《しょう》。はつめい家《か》の ノーベルが のこした お金《かね》を もとに つくられた。

おうちの かたへ

南極観測隊には、夏の数か月間に滞在する夏隊と約1年を過ごす越冬隊があります。隊員は気象庁などの省庁、大学や研究機関から選ばれ、民間企業からも派遣されます。観測、設営の各分野の専門家であるほか健康で協調性があることが重視されます。天文台には、国立天文台、大学や地方公共団体の天文台などがあり、各天文台が職員を募集します。科学者には、大学の研究者のほか企業の研究所で働く人もいます。探究心や想像力、コミュニケーション能力が重要です。

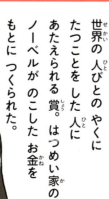

システムエンジニア

くらしを べんりに することや 会社《かいしゃ》の しごとを、コンピューターを つかって はやく せいかくに おこなう しくみ（システム）を つくります。どうすれば つかいやすい システムに なるかを 考《かんが》えて プログラマーに しじします。

大《おお》きな システムを つくるときには、たくさんの プログラマーたちを まとめ、手《て》わけして すすめる。

仕様書《しようしょ》
システムの 設計図《せっけいず》。

プログラマー

コンピューターを うごかす プログラムを つくります。まちがいが おこらないか なんども テストを して、よくないところを なおします。

プログラム
コンピューターが する さぎょうの てじゅんを、コンピューターの ことばで 書《か》いたもの。

いろいろな システム

乗《の》りものの よやく
駅《えき》に 行《い》かなくても パソコンや スマートフォンから 乗《の》りものの チケットを よやくできる。

ネットショッピング
店《みせ》に 行《い》かなくても、インターネットの なかの 店《みせ》で ちゅうもんすると 商品《しょうひん》が とどく。

ロボットエンジニア

人間《にんげん》の 手《て》だすけを したり、 はたらく ロボットを つくります。 人間《にんげん》の かわりに 新《あたら》しい ぎじゅつを つかい、 べんりに なるように くふうします。

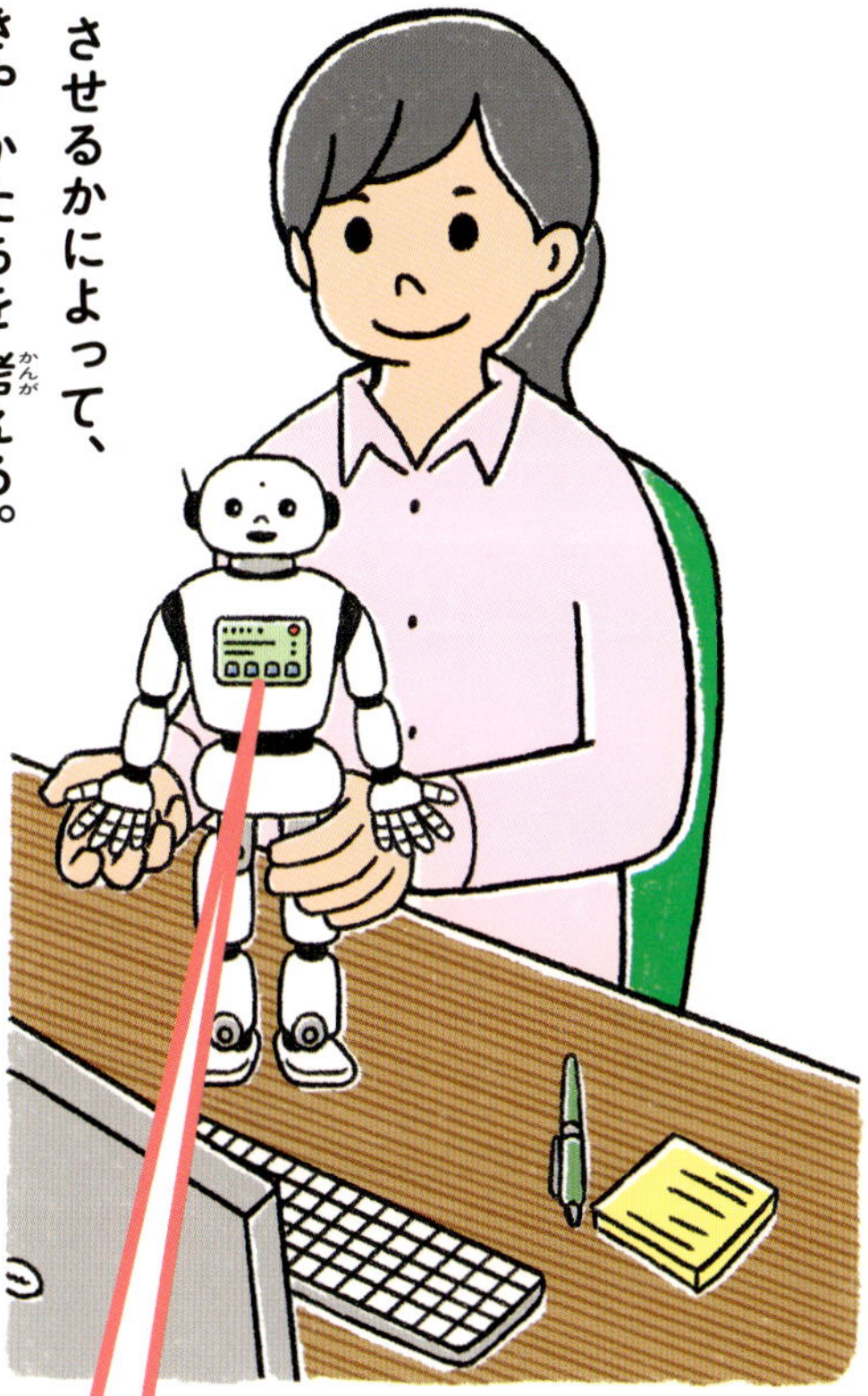

何《なに》を させるかによって、 うごきや かたちを 考《かんが》える。

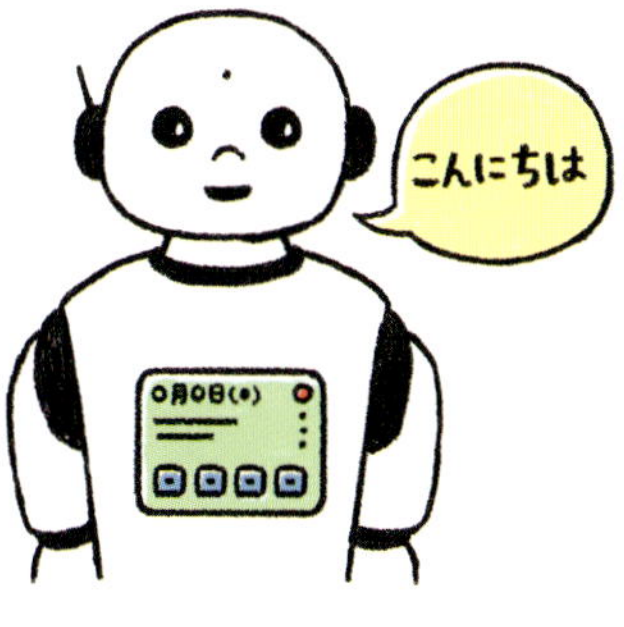

人工知能《じんこうちのう》 (AI《エーアイ》)

コンピューターが 自分《じぶん》で 考《かんが》え、 うごくことが できるように する プログラムや しくみ (システム)。 カメラで まわりの ようすを 見《み》たり、 ことばを りかいしたり、 学《まな》んだり できる。 ロボットにも とりいれられて いる。

かつやくする ロボットたち

さんぎょう用《よう》ロボット

工場《こうじょう》で はたらく。

介護《かいご》ロボット

お年《とし》よりや からだの ふじゆうな 人《ひと》の 生活《せいかつ》を 手《て》だすけする。

レスキューロボット

じこや さいがいのとき、 人《ひと》が 入《はい》れない ところに 行《い》って たすける。

おうちのかたへ

システムエンジニアはSEとも呼ばれ、プログラマーからSEになることもあります。おもな職場はコンピューターメーカーやシステム開発会社で、一般企業の社内SEや、フリーの人もいます。クライアントとの交渉やプログラマーに指示するためのコミュニケーション能力が重要です。ロボットエンジニアは、機械工学、電気、電子工学などを大学や専門学校で学び、メーカーや研究機関に勤めるのが一般的です。ロボットやAIの進化と共に、エンジニアの活躍の場も広がっています。

がいこうかん
外交官

世界《せかい》の さまざまな 国《くに》と よい かんけいを
たもち、日本《にほん》や 世界《せかい》の 平和《へいわ》を まもるために、
日本《にほん》の だいひょうとして
外国《がいこく》と 話《はな》しあいを します。
外務省《がいむしょう》に つとめて、さまざまな 国《くに》で
はたらきます。

外国《がいこく》の じょうほうを あつめて、日本《にほん》に つたえる。
外国《がいこく》に 日本《にほん》の 文化《ぶんか》を しょうかいする。
外国《がいこく》に 行《い》った 日本人《にほんじん》の あんぜんを まもるために、ニュースを 知《し》らせたり 手《て》だすけしたりする。
日本《にほん》の ぎじゅつを いかし、世界《せかい》の さまざまな 国《くに》で、くらしを ゆたかにする 手《て》だすけを する。

日本国大使館《にほんこくたいしかん》・総領事館《そうりょうじかん》

外国《がいこく》で、日本《にほん》を
だいひょうする 役所《やくしょ》。

つうやく
通訳

日本語《にほんご》と えいごなど、ちがう
ことばを 話《はな》す 人《ひと》の あいだで
話《はな》を おたがいの ことばに
おきかえて つたえます。
うまく つたえられるように
ことばを よく 勉強《べんきょう》して、
いいかたを くふうします。

どうじつうやく
話《はな》しているときに どうじに やくす。

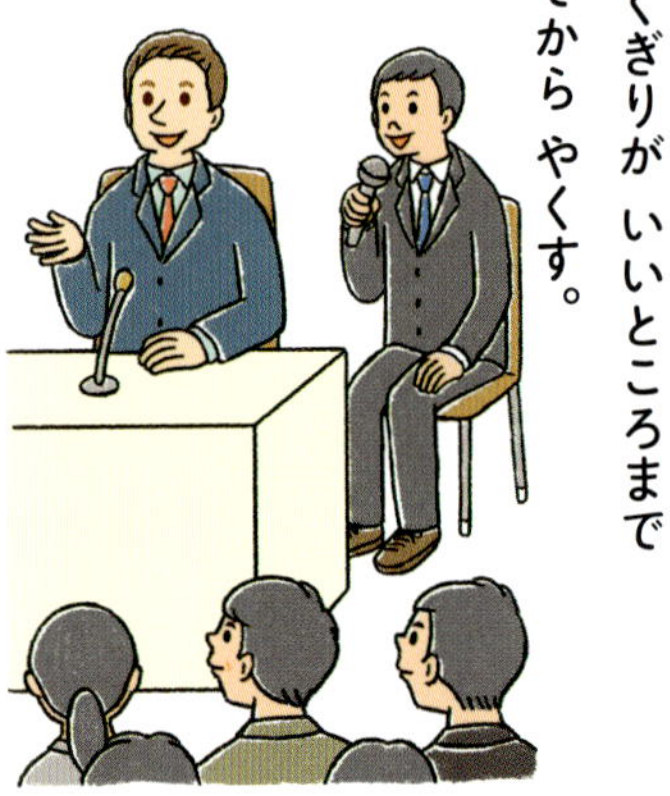

ちくじつうやく
話《はなし》の くぎりが いいところまで
聞《き》いてから やくす。

こくさいれんごうで はたらく

国際連合で 働く

世界《せかい》には、せんそうが おきたり
食《た》べものや 学校《がっこう》や 病院《びょういん》が
たりなくて、こまっている 国《くに》が
あります。国際連合《こくさいれんごう》は、世界《せかい》じゅうの
人《ひと》たちが 平和《へいわ》で あんぜんに
くらせるように、話《はな》しあって
かいけつするための そしきです。

せかいじゅうの ひとを てだすけする しごと

世界じゅうの 人を 手だすけする しごと

世界《せかい》じゅうの 人《ひと》びとを
手《て》だすけするために
いろいろな しごとを
している 人《ひと》たちが います。

学校《がっこう》の
ないところに
学校《がっこう》を つくる。

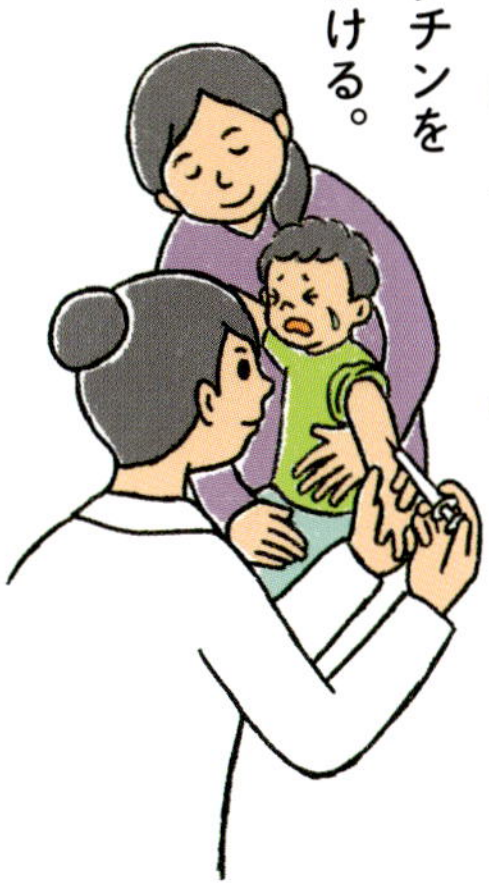

薬《くすり》や よぼうせっしゅの
ワクチンを
とどける。

水《みず》を のめるように
井戸《いど》を つくる。

のうさくぶつの
つくりかたを
教《おし》える。

ジャイカ（こくさいきょうりょくきこう）
JICA（国際協力機構）

まずしさや せんそうなどで
こまっている 国《くに》の 人《ひと》たちを たすけるための
日本《にほん》の そしきです。計画《けいかく》を たてて、
ひつような ものや 人《ひと》を おくります。

おうちのかたへ

外交官になるには、国家公務員試験または外務省専門職員採用試験に合格して、外務省に入ります。政治家などの通訳をすることもあります。通訳は、通訳養成学校で学んだ後、通訳エージェントに登録して経験を積みます。通訳技能検定や、通訳案内士の資格もあります。国際連合はニューヨークに本部をおき、主要機関以外にもユニセフ（国連児童基金）などの補助機関やＷＨＯ（世界保健機関）などの専門機関があります。その職員は国際公務員で、国連事務局の試験で採用されます。

さくいん

あ

アートディレクター……100
アイドル……98,107
アシスタントディレクター……99
アナウンサー……96
アニメーター……106
あま・海士 海女……31

い

いごきし・囲碁棋士……95
いし・医師……72,74
いしょう・衣装（映画）……105
いたまえ・板前……119
いなさくのうか・稲作農家……24
イラストレーター……124,127
いんさつがいしゃ・印刷会社……127
インテリアコーディネーター……116
インテリアデザイナー……116

う

うちゅうひこうし・宇宙飛行士……140

え

えいがおんがくの さっきょくか・映画音楽の 作曲家……105
えいがかんとく・映画監督……104
えいがプロデューサー・映画プロデューサー……104
えいようきょうゆ・栄養教諭……85
えきかかりいん・駅係員……49
エディトリアルデザイナー……125, 127
えほんさっか・絵本作家……123
えんかかしゅ・演歌歌手……107

お

オーケストラだんいん・オーケストラ団員……110
おおどうぐ・大道具……99
おろしうりぎょう・卸売業……33
おわらいげいにん・お笑い芸人……108
おんせい・音声……99

か

カーディーラー……39
カーデザイナー……38
がいこうかん・外交官……146
かいごふくしし・介護福祉士……80
かいじょうほあんかん・海上保安官……67
がか・画家……130
かがくしゃ・科学者……143
かがくそうさけんきゅうじょ・科学捜査研究所……63
かきのうか・花き農家……24
がくげいいん・学芸員……129
かぐしょくにん・家具職人……116
がくどうほいくしどういん・学童保育指導員……87
かしゅ・歌手……107
ガスがいしゃ・ガス会社……42
がっこうようむいん・学校用務員……85
かていさいばんしょちょうさかん・家庭裁判所調査官……69
かどうか・華道家……134
かながたせっけいし・金型設計士……37
カフェ……23
かぶきやくしゃ・歌舞伎役者……109
カメラマン……99,101,104,124,127
かわらぶきしょくにん・瓦葺き職人……36
がんか・眼科（医師）……75
かんごし・看護師……73
かんしきかん・鑑識官……63
かんぬし・神主……47
かんりえいようし・管理栄養士……79, 85

き

キーボーディスト……107
ぎしそうぐし・義肢装具士……83
きしょうよほうし・気象予報士……139
ギタリスト……107
きっさてん・喫茶店……23
きゃくほんか・脚本家……104
キャビンアテンダント……53
きゅうきゅうきゅうめいし・救急救命士……66
きゅうきゅうたいいん・救急隊員……65
きゅうしょくちょうりいん・給食調理員……85
きょうげんし・狂言師……109
ぎょうじ・行司……94
ぎょうせいしょし・行政書士……71
ぎんこう・銀行……41

く

くうかんデザイナー・空間デザイナー……117
くうこう・空港……54
くだもののうか・果物農家……24
くみたてこうじょう・組み立て工場（自動車）……38
グラフィックデザイナー……100
グランドスタッフ……55
グランドハンドリングスタッフ……54
クリーニングてん・クリーニング店……23

け

ケアマネージャー……81
けいさつかん・警察官……60,62
けいさつけんくんれんし・警察犬訓練士……63
けいじ・刑事……62

げいのうマネージャー・
芸能マネージャー……98
ケースワーカー……82
ゲームクリエイター……102
げか・外科(医師)……75
けんさつかん・検察官……68,69,70
けんちくし・建築士……34

こ

こうえつしゃ・校閲者……126,127
こうぎょうデザイナー・
工業デザイナー……37
こうくうかんせいかん・
航空管制官……52,55
こうくうせいびし・航空整備士
……52,54
こうこくせいさくがいしゃ・
広告制作会社……100
こうちょう・校長……85
こうとうがっこうきょうゆ・
高等学校教諭……88
こうにんかいけいし・
公認会計士……71
こくさいきょうりょくきこう・
国際協力機構……147
こくさいれんごう・国際連合……147
こっかいぎいん・国会議員……45
コック……118
コピーライター……100
コンシェルジュ……56
コンビニエンスストア……22

さ

さいばんかん・裁判官……68,69,70
さいばんしょしょきかん・
裁判所書記官……70
さいばんしょそっきかん・
裁判所速記官……70
サウンドクリエイター……103
さかなや・魚屋……21, 23
さかんしょくにん・左官職人……36
さぎょうりょうほうし・作業療法士
……78
さくしか・作詞家……110
さくていし・削蹄師……26
さっか・作家……123
さっきょくか・作曲家……111
さどうか・茶道家……134
さんふじんか・産婦人科(医師)
……74

し

シーエムプランナー・
CMプランナー……101
シージーデザイナー・
CGデザイナー……103
じえいかん・自衛官……67
シェフ……118
しかいし・歯科医師……76
しかえいせいし・
歯科衛生士……76
しかぎこうし・歯科技工士……76
しきしゃ・指揮者……111
ししょきょうゆ・司書教諭……85
システムエンジニア……144
しぜんほごかん・
自然保護官……138
しちょうそんちょう・
市町村長……45
じどうしゃせいびし・
自動車整備士……39
じどうしゃをつくる・
自動車をつくる……38
じどうふくしし・児童福祉司……82
じどうぶんがくさっか・
児童文学作家……123
シナリオライター……103
じびいんこうか・
耳鼻咽喉科(医師)……75
しほうしょし・司法書士……71
ジャーナリスト……126
ジャイカ・JICA……147
ジャクサ・JAXA……141
しゃしょう・車掌……49
じゅういし・獣医師……136
しゅっぱんしゃ・出版社……127
じゅもくい・樹木医……138
しゅわつうやくし・
手話通訳士……83
しょうがっこうきょうゆ・
小学校教諭……84,85
しょうぎきし・将棋棋士……95
しょうせつか・小説家……123
しょうにか・小児科(医師)……74
しょうぼうかん・消防官……64,66
しょうめい・照明……99, 105
しょくにくかこうぎょう・
食肉加工業……27
ショコラティエ……17
じょさんし・助産師……77
しょてん・書店……20,127
しょどうか・書道家……134
しろバイたいいん・
白バイ隊員……61
シンガーソングライター……107
しんかんせんうんてんし・
新幹線運転士……50
しんしょく・神職……47
しんぷ・神父……46
しんぶんきしゃ・新聞記者……126

す

すいえいせんしゅ・水泳選手
……93
すいさんかこうぎょう・
水産加工業……32
すいぞくかんの しいくがかり・
水族館の 飼育係……137
すいどうきょく・水道局……42
スーパーマーケット……23,33
スクールカウンセラー……85
スクリプター……104
すししょくにん・寿司職人……120
スタイリスト……113,114,115

せ

せいがくか・声楽家……110
せいかてん・生花店……19

せいかてん・青果店……21, 23
ぜいかんしょくいん・税関職員……54
せいけいげか・整形外科(医師)……75
せいしんか・精神科(医師)……74
せいそうチーム・清掃チーム(新幹線)……50
せいそうこうじょう・清掃工場……43
せいにくてん・精肉店……21, 23
せいほんがいしゃ・製本会社……127
せいゆう・声優……106
ぜいりし・税理士……71
せんぎょてん・鮮魚店……21,23,33

そ

ぞうえんぎょう・造園業……117
そうしはいにん・総支配人……56
そうていか・装丁家……125
そうりょ・僧侶……46
ソーイングスタッフ……112
そばてん・そば店……22
ソムリエ……119

た

だいがくきょうじゅ・大学教授……88
だいく・大工……34
たいそうせんしゅ・体操選手……93
タクシーうんてんしゅ・タクシー運転手……51
たくはいびんドライバー・宅配便ドライバー……51
たたみしょくにん・畳職人……36
タレント……98,101,113,114
ダンサー……109

ち

ちくさんのうか・畜産農家……26
ちゅうがっこうきょうゆ・中学校教諭……88
ちょうこくか・彫刻家……131

つ

ツアーコンダクター……58
つうやく・通訳……146

て

ディレクター……99,101,102
テストドライバー……38
てつどううんてんし・鉄道運転士……48,49
てつどうしゃりょうせいびし・鉄道車両整備士……49
てんもんだい・天文台……142
でんりょくがいしゃ・電力会社……43

と

ドアマン……57
とうげいか・陶芸家……134
とうじ・杜氏……119
どうぶつえんの しいくがかり・動物園の 飼育係……137
とくべつきゅうじょたいいん・特別救助隊員……66
とくべつしえんがっこうきょうゆ・特別支援学校教諭……88
としょかんししょ・図書館司書……128
とどうふけんちじ・都道府県知事……45
とびしょく・鳶職……36
トラックうんてんしゅ・トラック運転手……51
ドラマー……107
とりつぎがいしゃ・取次会社……127
トリマー……20

な

ないか・内科(医師)……74
ないかくそうりだいじん・内閣総理大臣……45
なかおろしぎょう・仲卸業……33
なんきょくかんそくたいいん・南極観測隊員……142

に

にくや・肉屋……21, 23
にゅうこくしんさかん・入国審査官……54
ニュースキャスター……97

の

のうか・農家……24
のうがくし・能楽師……109
ノンフィクションさっか・ノンフィクション作家……123

は

パーサー……50
バイヤー……113
はいゆう・俳優……105
パイロット……52,54,55
ハウスキーパー……57
バスうんてんしゅ・バス運転手……51
バスガイド……58
バスケットボールせんしゅ・バスケットボール選手……92
パタンナー……112
パティシエ……16
はなびしょくにん・花火職人……132
はなや・花屋……19
バレエダンサー……109
バレーボールせんしゅ・バレーボール選手……92
バンド……107
はんばいがいしゃ・販売会社……127
パンや・パン屋……19

ひ

ピアニスト……111
ピアノちょうりつし・ピアノ調律師……111

びじゅつ・美術（映画）……105
びじゅつしゅうふくか・
美術修復家……131
ひふか・皮膚科（医師）……75
びようし・美容師……18

ふ

ファイナンシャルプランナー……41
ファッションデザイナー……112,115
ファミリーレストラン……22
フィギュアスケートせんしゅ・
フィギュアスケート選手……93
フードコーディネーター……121
プランナー……102
プレス……113
プログラマー……103,144
プロサッカーせんしゅ・
プロサッカー選手……91
プロテニスせんしゅ・
プロテニス選手……92
プロデューサー……99,101,102
プロやきゅうせんしゅ・
プロ野球選手……90
フロントがかり・フロント係……56

へ

ヘアメイク（映画）……105
ヘアメイクアップアーティスト
……114,115
ベーカリー……19
ベーシスト……107
ペットショップ……20
ベルボーイ……56
べんごし・弁護士……68,69,70
へんしゅうしゃ・編集者
……113,125,127

ほ

ほいくし・保育士……86
ボーカリスト……107
ホームヘルパー……81
ぼくし・牧師……46
ほけんし・保健師……82
ほせんいん・保線員……49
ホテル……56
ほんやくか・翻訳家……123

ま

まんがか・漫画家……122

み

みこ・巫女……47
みやだいく・宮大工……133
ミュージシャン……107

も

もうどうけんくんれんし・
盲導犬訓練士……83
モデル……113,114,115

や

やおや・八百屋……21,23
やくざいし・薬剤師……77
やくしょ・役所……44
やさいのうか・野菜農家……24

ゆ

ゆうぜんしょくにん・
友禅職人……133
ゆうびんきょく・郵便局……40
ゆうびんはいたついん・
郵便配達員……40

よ

ようけいぎょう・養鶏業……27
ようごきょうゆ・養護教諭……87
ようしょくぎょう・養殖業……32
ようちえんきょうゆ・幼稚園教諭
……87
ようとんぎょう・養豚業……27
ようほうか・養蜂家……29

ら

ラーメンてん・ラーメン店……23
ライター……126,127
らくごか・落語家……108
らくのうか・酪農家……28
ラジオパーソナリティー……97
ラッパー……107

り

りがくりょうほうし・理学療法士
……78
りきし・力士……94
りはつてん・理髪店……22
りょうし・猟師（狩猟業）……28
りょうし・漁師（漁業）……30,33
りょうりけんきゅうか・
料理研究家……121
りょうりにん・料理人……118
りんぎょうか・林業家……29
りんしょうけんさぎし・
臨床検査技師……78
りんしょうしんりし・臨床心理士
……82

れ

レポーター……97
レンジャー……138

ろ

ろくおん・録音……104
ロボットエンジニア……145

わ

わがししょくにん・和菓子職人
……120
わししょくにん・和紙職人……133

内容指導 ——— 藤田晃之（筑波大学教授）
装丁 ——— 大薮胤美（フレーズ）
本文デザイン ——— 鈴木明子（フレーズ）
表紙立体制作 ——— イシカワコウイチロウ
イラスト ——— あおのなおこ
磯村仁穂
オオイシチエ
オカダケイコ
かとうともこ
鴨下潤
冬野いちこ
撮影 ——— 上林徳寛
校正 ——— 青木一平
村井みちよ
編集協力 ——— 漆原泉 田口純子 野口和恵
船木妙子
編集・制作 ——— 株式会社 童夢

こども しごと絵じてん
2018年5月30日　初版発行

こども しごと絵じてん

2018年5月30日　第1刷発行

編　者　三省堂編修所
発行者　株式会社 三省堂　代表者 北口克彦
発行所　株式会社 三省堂
〒101-8371 東京都千代田区神田三崎町二丁目22番14号
電話　編集（03）3230-9411　営業（03）3230-9412
http://www.sanseido.co.jp/
印刷所　三省堂印刷株式会社

落丁本・乱丁本はお取り替えいたします。
ISBN978-4-385-14326-2〈しごと絵じてん・152pp.〉